封面图片为即墨孔庙遗址(选自《即墨古城照片档案》，中国文史出版社2007年版)。1898年年初，发生德国士兵毁坏即墨孔庙的事件，激起当地士人以及全国其他地方士人的抗议和声援，继而引发了第二次公车上书，成为触发戊戌变法的一大诱因，而变法运动又衍生出一场声势浩大的孔教运动。这一连串影响近代中国走向的历史事件竟与即墨孔庙有着微妙的关联。

孔教运动的观念想象

中国政教问题再思

吴震 ◎著

復旦大學出版社

鸣　谢

本书为国家社会科学基金重大项目“多卷本《宋明理学史新编》”（17ZDA013）的阶段性成果

作者介绍

吴震，江苏丹阳人，京都大学文学博士。现任复旦大学哲学学院教授、博士生导师，复旦大学上海儒学院执行副院长，兼任中国哲学史学会副会长、中华日本哲学会副会长、国际儒学联合会理事、日本国际井上圆了学会理事，曾任台湾大学人文社会高等研究院访问学者、日本京都大学文学部外国人研究员等职。主要专著有：《阳明后学研究》（增订版）、《罗汝芳评传》、《泰州学派研究》、《明末清初劝善运动思想研究》（繁体版、简体版）、《〈传习录〉精读》、《当中国儒学遭遇“日本”》、《儒学思想十论——吴震学术论集》、《东亚儒学问题新探》、《朱子思想再读》等；编著有：《宋代新儒学的精神世界——以朱子学为中心》《全球化视野下的中国儒学研究》等。

内容简介

从19世纪末到20世纪20年代，近代中国经历了戊戌变法、孔教运动、共和立宪运动以及新文化运动等一系列社会事件，在这场社会转型的约三十年间，由各种“主义主张”“问题符号”激起的“思想战”此起彼伏，在此过程中，“孔教”问题始终隐伏其中。参与“孔教”论战的双方主要在争执两个问题：儒教（孔教）是否是宗教？共和政体是否需要宗教意义上的儒教？但在此背后存在一个更为实质性的问题是：应如何处理“政教”问题以重新安排中国社会政治秩序。

近年来康有为的“符号化”与政教问题的凸显乃是本书的一个问题切入点，“政教问题”在当下中国何以重新出场等学术现象的确令人深思。本书通过对中国历史上有关政教关系问题的考察，特别对朱子、章学诚等人的儒家政教观进行了梳理和澄清，进而对康有为推动的孔教运动进行了批判性反思，指出康氏表面上认同近代西方“政教分离”的立国原则，然其政教设想的实质在于重构“孔教国教化”，其结果便不能保证在与政治权力分离的前提下，保持宗教在精神领域的独立性，更无法合理安排由近代跨入现代的中国政教秩序。梁启超在戊戌变法后不久，便在政教问题上与康有为分道扬镳，坚持“分则两美，合则两伤”的政教观，晚年思想立场更趋近文化保守主义，认为儒家主义正合乎未来中国的“新文化”建设，故不妨以“近代新儒家”来为他进行历史定位。

那么，我们应当如何通过对传统文化的创造性转化来善待儒教？如何构建合理性的“宗教中国化”等问题？这是吾人面临的时代课题，值得思索。

目　录

导言：康有为的“符号化”与政教问题的凸显

近代中国始于19世纪40年代的鸦片战争，不久而兴起的“洋务运动”也的确表明古老帝国的脚步正在跨入“近代”，意味着中国被卷入全球“现代化”(韦伯语)的进程之中，作为中国传统文化主流之一的儒家思想便不得不面临史无前例的严峻挑战。不过，思想观念的更新往往滞后于时代社会的变迁，若从思想文化的角度看，近代中国的社会转型以及观念转向的真正启动，则肇端于19世纪末的甲午战争以及稍后的那场持续仅“百日”的所谓戊戌变法运动。

当然，从广义上说，“洋务运动”便是一场从体制内追求“自强”“富国”的一场漫长的“自改革”(龚自珍语)运动，只是这场发生于1898年的短命而亡的戊戌变法却给中国传统社会带来了前所未有的剧烈冲击，至少表现出两个重大的后果：一是中国传统社会已难以维持“前现代”帝国政经秩序的常态而开始分崩离析，从而引发了空前的中国政治秩序危机；一是中国传统文化特别是儒教的伦理纲常开始遭到普遍质疑，随着“冲决网罗”(谭嗣同语)的呼声日渐高涨，进入了思想上“怀疑一切”的时代。

可以说，自1894年甲午战败一直到“后五四”时期的20世纪20年代的约三十年间，对中国而言，不仅是社会转型期,更是观念变革期[1];无论是政治上或文化上的激进者还是保守者,似乎都有一种强烈的时代焦虑:觉得中国无论是政治还是经济、制度还是教化、道德还是器物等方面,都出现了严重的问题。于是,围绕政治、文化、社会等各种问题爆发了激烈的"思想战"(杜亚泉语),导致"问题符号漫天飞"(蒋梦麟语),"五四"之后,胡适(1891—1962)更是直呼中国进入了尼采所说的"重新估定一切价值"的时代,甚至以为这八个字才是对1915年新文化运动之后的新时代的"最好解释"[2]。

另一方面,自1890年代"后洋务运动"以来,以"保国""保种""保教"(语见张之洞《劝学篇》)三大口号为标志,文化上的保守派以及政治上的维新派等各种势力及其种种主义、主张就已呈现纠缠交错的态势。戊戌变法之际,康有为(1858—1927)倡议重建"孔教",以为由此可以在中西政治文化冲突的背景下一箭双雕,一并解决"保国"与"保教"的问题。即便在辛亥革命推翻帝制与创建共和之后,康氏一方面主张以"虚君共和"对抗"民主共和",一方面仍不放弃树孔教的理念,鼓动其弟子陈焕章(1880—1933)于1912年年底建立了全国性的"孔教会"组织,随后便发动了两次(1913年和1916年)向国会要求立孔教为"国教"的所谓立宪运动,结果

① 关于1895年以后的三十年间中国进入了"转型时代",是张灏提出的一个重要论述,参见张灏:《时代的探索》"前言",台北:联经出版事业股份有限公司,2004年,第3页。关于这一论述的讨论,则可参见丘为君:《转型时代——理念的形成、意义与时间定限》,载王汎森等著:《中国近代思想史的转型时代——张灏院士七秩祝寿论文集》,台北:联经出版事业股份有限公司,2007年,第507—530页。

② 胡适:《新思潮》(1919年冬),转引自张灏:《重访五四:论五四思想的两歧性》,载氏著:《时代的探索》,第114页。

均以失败告终。由于民国之后袁世凯(1859—1916)和张勋(1854—1923)的先后两次帝制复辟均对孔教会势力有所利用,更使孔教运动“身败名裂”。与此同时,以1915年创刊的《青年杂志》(次年改为《新青年》)为代表的“新文化运动”于发轫之初,便以批判康有为的孔教思想为突破口,1919年五四运动之后,在迎接“德先生”和“赛先生”的同时,也增强了批孔的火力,从此康有为等孔教会势力被视作旧文化、旧时代的代表,再也无望在中国政治舞台上重新出场。

可以看到,从戊戌变法到新文化运动,在各种“主义主张”“问题符号”激起的“思想战”此起彼伏的历史进程中,“孔教”问题始终隐伏其中。表面看,参与“孔教”论战的双方在争执两个问题：儒教是否是宗教?[①] 共和政体是否需要孔教? 然而事实上,在孔教问题的背后存在一个更为实质性的问题：应当如何处理“政教”问题以重新安排中国社会政治秩序。

本来,“政教”一词在中国传统文化的语境中,无非是指政治与教化,两者并不构成严重的冲突关系,因为儒家既非严密的制度宗教,更无教会组织,国家体制虽呈现为高度集中的中央集权之形态(尤以明清时代为甚),然而朝廷的政治权力与儒家士人集团处在一种互相利用又彼此制约的微妙关系当中,任何一方都不能断然打破这种平衡以求单独的发展,也就是说,政治与教化的互相兼顾才能使整个社会秩序得以平稳的延续。只是到了19世纪末的社会转型时代,在西化思潮的不断冲击下,随着各种外来的政治学说、宗教势

① 须说明的是,本书所用“儒教”一词,主要指儒家的一套教化思想体系,故与“儒学”属同义词。只是本书并不刻意地区分使用。

力的广泛渗入，政教问题的性质发生了微妙而又重要的转变——在近代国家的建构过程中，政治与宗教究竟应当互不干涉还是应当携手合作？不少士人精英认为中国传统文化不行的原因是由于缺乏宗教信仰，故应模仿西方宗教传统也在中国重建制度性的宗教，以为由此就可改善整体国民的文化素质，进而增强抵抗外来帝国势力的机制。于是，政教问题陡然成为与文化革新、体制变革密切相关的一项重要议题而广受关注。

而在当下中国的改革运动得以全面深入之际，传统文化特别是儒家文化开始受到正视和关注，于是，否定传统才能步入现代的所谓启蒙情结值得深刻反思，换言之，人们开始意识到传统文化与现代社会并非是格格不入的，那种以为传统必阻碍现代发展的思想怪圈必须打破，从而回归传统文化的呼声在社会各界此起彼伏。在这股传统文化热的背景下，有不少学者开始将眼光投向清末民初近代中国的思想界有关政教问题的大讨论，进而发现一百二十年前的改革"先知"康有为竟有许多政教主张可以在当下社会被重新激活，出现了康有为被"符号化"的奇特现象。于是，政教问题，即所谓政治与儒教、制度与儒学如何平衡等问题的探讨也在随之升温，而且相关讨论似已不能满足于历史性的描述而应进入理论上的重建，甚至出现了借康有为之"酒"以浇自己"心中之块垒"的现象。然而稍作省思即可发觉，其实作为"符号"的康有为已被抹上各种"颜色"，而其思想"本色"反被遮蔽。

因为，究竟何谓"政教"？政与教的关系究竟应如何调适？康有为借助"孔教"运动欲重构未来中国政教秩序的内在思想机制及其最终理论企图又究竟何在？这些都是严肃的学术问题。然而说实话，对这些问题进行严密的学术探讨并非易事。我们的讨论将建立在思想史与学术史的基础之上，但目的并不在于有关政教论述的历史重建，而是采取一种描述性的策略，对历史上各种有关"政教"问题的论述特质以及当今学界对传统政教观的各种辨析乃至主张做一番历史学的描述，同时，针对相关问题也作出必要的理论省察；至于传统儒家文化的未来走向，则需要今后学界展开深入的理论反思和理性判断。

现在放在读者面前的这部小书是由一篇长文扩充而成，该文原题：《近代中国转型时代"政教关系"问题——以反思康有为"孔教"运动为核心》[1]，现将该文的"摘要"略作扩充，附在"导言"之末，或对读者了解本书撰述之旨意及其思路有所帮助：

> 近年来，"政教"问题成了学界的一个热点，引人深思。在近代中国的"转型时代"，孔教运动的赞同者或反对者都面临一个问题：究竟应当如何处理政教问题以重建中国政教秩序？依西学，"政教"系指政治与宗教的关系，历史上有"合一"或"分离"等各种政教形态；由于中国传统文化主流的儒教是指儒家教化系统而非严格宗教，公羊学所言"布政施教"盖谓政事与教化的安排，因而英文 Caesaropapism（意谓"恺撒与教皇的合一"）所表达的"政教合一"并不能照搬过来置入中国语境。即便在近代西方，"政教分离"已成为建构民族国家之政治前提，然而在"政教分离"原则之下，仍然存在各种不同

① 载《杭州师范大学学报》2017年第2期，第1—25页。

的形态：既有积极的作为“建构原理”的政教分离形态，偏向于中立的宽松主义；又有消极的作为“限制原理”的政教分离形态，偏向于严格的分离主义。故不可一概而论。在中国历史上，公羊学首倡“政教之始”之观念，而公羊学俨然成为近代中国各种变法主张以及康有为孔教思想的重要资源，值得关注。

然而近年张灏撰文对中国历史上的政教问题表示了重要关切，他通过对朱子《皇极辨》一文的前后两个刻本的仔细解读，发现朱子晚年思想由政教二元向一元发生了转化，由此断定朱子所追求的是三代社会政教合一的理想形态；基于此，张灏强调任何以政教一元论或二元论来涵盖整个中国历史都有可能失之武断。无疑地，张灏的这个判断非常重要，只是其对朱子文本的解读似有失误，故而值得重新探讨。事实上，以朱子为代表的道学家高举“天道”的旗帜，要求君臣共同遵守，因为道统在政统之上，政统须以遵从道统为前提，这就说明儒家政教观并不是一元论的立场，而是表现为二元论下的政教依赖之形态。在秦汉以降的中国历史上，明确主张回归“官师政教合一”的先秦传统则非18世纪清代中期史学家章学诚莫属，显示出其政治立场偏向于国家威权主义，只是他的这些政治主张在乾嘉时期尚乏人响应。

不过，到了道咸之后的晚清时代却时来运转，赢得了魏源、龚自珍等士人精英的积极回应，而政教问题更是急速升温。戊戌变法之际便提出孔教主张的康有为更是以重建政教为核心问题，只是在具体策略上，他却主张不妨因应时代潮流，采取“政教分离，双轮并驰”的立场，表明其孔教主张并不是要回到欧洲中世纪的政教合一，而且他坚信与“政教分离”相配套的“信教自由”之观念原是中国文化的老传统，“儒释道回”各尊其道、相安无事的历史就充分表明了这一点，故而孔教国家化既是重建传统，同时又能顺应世界新潮流。但须指出，康氏孔教之论旨在将儒教向国家宗教的方向扭转，其结果必带来文化专制的负面效应，遂使“信教自由”变成一纸空文，特别是在帝制已然崩塌的背景下，仍抱守残缺，欲变世俗儒教为国家宗教是既无必要也不可能了。

梁启超早年追随康有为的变法主张，甚至尊奉康为中国的“马丁·路德”，然而就在戊戌失败而流亡日本之后，很快他就借由日本接触到西方有关“政教分离”问题的新知识，意识到这一近代国家的建国原则远非康有为孔教思想所理解的那样，于是，在1902年他便发表《保教非所以尊孔论》一文，在政教问题上公开表示与康氏分道扬镳，自此之后，他在宗教问题上的理解再也没有改变其立场；同时，他开始转而关注“公私两德”的道德重建问题，主张中国首先需要的是一场“道德革命”，并且认为培养“私德”才是重建社会“公德”的基础，表现出“近代新儒家”向传统文化的复归立场，体现了重在调适传统的文化保守主义风格。

及至当代新儒家，例如50年代后“花果飘零”至港台的新儒家与当时崇尚西方自由主义的学者之间竟然围绕中国传统文化中的政教问题也有过种种观点上的碰撞。以殷海光等自由主义者为代表的学者坚定认为政教合一是保证古代中国“天子制度”之合法性的观念基础，故而政教合一体制“在传统中国从未崩溃”；与此相反，当代新儒家如徐复观等人则坚定认为，官师合一为特征的“政教合一”是比专制主义更为“专制”的政治主张，是“儒家绝不能加以承认”的观点。甚至有当代儒者认为，由于“政教合一”属于西方语境下的特殊用语，因此任何企图以此观念模式来探讨中国传统政治文化的努力都属于“食洋不化”之举，不值一谈。

当代新儒家与自由主义者之间的这场论争的是非对错姑当别论。要之，我们可以从中窥见，从“近代新儒家”到“当代新儒家”之所以对政教问题始终不能释怀，充分表明政教问题是儒家文化在面对如何重建现代中国社会秩序之际必须做出回应的重要课题；而在我们看来，这同时也是为了应对中国“现代化”发展必须认真思考的时代课题，亦即如何在当下中国通过创造性转化来善待儒家的社会教化意义？这应当是思考中国传统文化未来走向之际所不能回避的时代课题。

一、"政教"问题何以成了"显题"?

举例来说,21世纪初就有专门探讨"政教合一与中国社会"的论著,将中国传统社会的整个历史描绘成"政教合一"的形态[①];更早,在20世纪八九十年代有关儒教是否是宗教的学术论辩过程中,相似论调就已出现[②]。由于前近代的中国封建社会处在帝王政权的绝对笼罩之下,而世俗王权的政治领袖必然同时兼具宗教领袖的角色,所以,在封建专制的社会形态下,必然实行"政教合一"的体制。然而时过境迁,自20世纪90年代直至当下21世纪,随着传统文化研究以及政治儒学研究的渐次兴起和逐步深入,向来的那种以社会形态决定社会意识的研究理路逐渐退场,各种有关传统文化的学术性、理论性的探讨,不再受此前研究套路的局限而展现出种种新局面。例如,政教问题的出现便是其中之一。故在最近连续两年就有三部厚重的学术专著的书名中便堂而皇之地采入"政教"一词[③]。

---

① 杨阳:《王权的图腾化——政教合一与中国社会》,杭州:浙江人民出版社,2000年。

② 例如何光沪:《论中国历史上的政教合一》,载任继愈主编:《儒教问题争论集》,北京:宗教文化出版社,2000年。原载《文化:中国与世界》第4辑,北京:三联书店,1988年。

③ 陆胤:《政教存续与文教转型——近代学术史上的张之洞学人圈》,北京:北京大学出版社,2015年;张广生:《返本开新:近世今文经与儒教政教》,北京:中国政法大学出版社,2016年;陈畅:《自然与政教——刘宗周慎独哲学研究》,上海:上海人民出版社,2016年。

那么,“政教”之“旧瓶”能装进什么“新酒”呢?一方面,仍有一些学者自觉或不自觉地使用“政教合一”概念来覆盖秦汉以来两千年中国文明史;另一方面,站在一定的理论自觉的高度,试图对未来中国的政教走向重新规划蓝图。预示着学界的关注点在变化,政教问题正成为“显题”。

1. 政教问题在当下中国的重新出场

历来,在西学的语境中,关于“政教关系”(state-church relationship)的解释已经相对稳定,根据《布莱克维尔政治学百科全书》的描述,“政教关系”盖指教会与国家的体制关系:

> 教会与国家之间的关系可以看做是一种体制现象,然而,从根本性的观点出发,也可以将其看做是存在于人类之中精神或内心生活与社会或集体生活之间的密切联系。①

洛克(John Locke, 1632—1704)有关“政教分离”的著名定义已成常识:“我以为下述这点是高于一切的,即必须严格区分公民政府的事务与宗教事务,并正确规定二者之间的界限。”②因此,根据英文的表述习惯,政教关系应该是separation of state and church——国家与教会的分离,而不是separation of state and religion——国家与宗教的分离。

然而,在中文的语境中,“政教”一词具有多义性:“政”既指政府权力,又可指礼法典章制度;而“教”既指一般意义上

① 〔英〕戴维·米勒、韦农·波格丹诺编:《布莱克维尔政治学百科全书》,邓正来译,北京:中国政法大学出版社,1992年,第108页。

② 〔英〕洛克:《论宗教宽容》,吴云贵译,北京:商务印书馆,1981年,第5页。

的教化，又可泛指儒教、道教、佛教等各种人文教义以及宗教教义。至于“政教分离”的概念其实来自日本的译名，详情有待后述。这里，我们先从十年前的一篇文章说起。该文运用当代西方政治宗教学的理论，对“政教关系”问题进行了类型学考察，作者认为中西历史上主要存在四种不同类型的“政教关系”，而历史上中国政教的形态则属于“政教主从”形态——既非严格的“合一”或“分离”，亦非宽松的“依赖”形态，中国宗教发挥的是“阴翊王化”的作用，王朝视宗教是可以辅助王权的工具，故政教关系又表现出“祭政合一”的特征[①]。这个观点或有一得之见，因为“政教关系”在不同的历史文化体当中，确有类型不同的表现。但是，这种类型归纳法显得过于笼统。就中国历史而言，我们必须以先秦春秋时代为限，设定两个历史时期：春秋以前的上古中国以及春秋以后特别是秦汉以来的（包括宋以后）的帝国时期，它们在政教形态上是有所不同的。

质言之，上古中国即在“轴心突破”之前，宗教神权与国家权威在“天命”观的笼罩之下，处在“合一”的形态，用中国史的特殊说法，亦即“官师治教合一”；而“轴心突破”之后，随着上天观念的人文化转向以及道德理性主义的崛起，特别是儒家文化的形成，政教关系被置于“天道”观的主宰之下，发生了重大的改变，帝王权威相对于儒家而言，固然拥有“主导”的地位，然而儒家的政治哲学中也有“从道不从君”“威武不能屈”等“以道抗势”的传统、以“仁”为核心的仁政王道的观念、“以德配天”的天命转移观念，汉代董仲舒则建立了“德

---

① 参见张践：《论政教关系的层次与类型》，《宗教学研究》2007 年第 2 期。特别是第 139—140 页。

主刑辅”的一套政治学体系以及利用“天意谴告”说来制约王权的观念，唐宋以后更有采用“道统”观念反过来制约王权的传统。要之，儒家高举“天道”，要求君臣共同遵守，从而构成政教关系的内在紧张，这就无法采用政主教从的谱系归类法来充分说明中国政教传统的特质。按照我们的看法，先秦之后中国文明在“政教关系”上的表现形态属于政教二元论下的“依赖”形态，关于这一点，我们在后面还会谈到，这里暂不细说。

值得关注的是，在 2016 年，中国大陆与台湾地区有两份重要的学术杂志不约而同地出版了讨论“政教”问题的专号。先是中国台湾的《思想》杂志第 30 辑以“宗教的现代变貌”为专辑，按照该辑的“编者前言”，就在该辑出版之前的几个月，由于“伊斯兰国”的猖獗活动以及恐怖袭击，引发全球骚动不安；2016 年年初在古巴，罗马天主教教宗方济各与俄国东正教宗主教基利尔举行了历史性的会晤，这是两大教派分裂近千年后第一次领袖聚首；2016 年年初的台湾地区选举，竟然有强烈宗教背景之色彩的两个宗教组织介入选战(尽管最后以失败告终)；同年 4 月在北京，召开了“全国宗教工作会议”，重申了“政教分离”为立国之策的立场。在这样的背景下，下面将提到的黄克先一文的观点就显得意味深长。

这篇文章的标题有点耸人听闻：《两岸政教关系的发展及新局：过去与未来之间》，认为两岸在历史上曾经共享着“相同的过去”，“承继了中华帝国内政教关系的特色”，只是从今往后，正在发生以及必将发生与以往“迥然不同”的政教“样貌”，“更面临相异的发展轨道及各自的危机”。文章指出：“将宗教信仰视为正当化政权统治基础之工具，因此必须牢牢掌握并介入的倾向，一直存在于中国大地上，并不因现代共和政权的来临而有根本的改变。”这个说法避开使用“政教合一”，但其旨意是明确的，即将宗教视作政治工具乃是中国历史上的一般现象，直至当今中国仍在延续。区别在于，一方面，自台湾地区“解严”之后，随着民主化的开启，对宗教团体的管制发生松懈，宗教团体渐次介入公共议题的讨论，出现宗教复兴的现象；另一方面，断定中国大陆目前“也正经历如火如荼的宗教复兴”[①]。但是，作者显然对于当今中国大陆在儒学复兴过程中，有关“政教”问题的新探索缺乏适当的观照。

接着，大陆的《原道》杂志为了回应上述“全国宗教工作会议”提出的“宗教中国化”[②]这一时代课题，组织了一期“‘宗教中国化的多维视域’专题”，在“专题导言”中，该辑主编揭示了这项“专题”的设定，源于“对宗教中国化这一重大而紧迫的现实问题的敏锐关注”，其目的在于深刻思考如何“建构和谐政教关系这一古老而常新的治理命题”。其中刊登了《导言：政教关系的多维建构与对话》以及《政教关系——基督教对儒教建构的启示》等专题论文，试图从理论上探讨如何重构当代中国的“政教关系”等问题[③]。

由上可见，政教问题正变得炙手可热，特别是对于那些偏向于政治性复古思想立场的人来说，从政教问题着手，似乎是解决重建儒教为“国教”的一个突破口。

---

① 黄克先：《两岸政教关系的发展及新局：过去与未来之间》，载《思想》第30辑，台北：联经出版事业股份有限公司，2016年5月。

② 引自“央广网”，china.cnr.cn/news/20160424/。

③ 陈明、朱汉民主编：《原道》2016年第3辑（总第31辑），北京：新星出版社，2016年9月。

2. 现代政治学视野下的政教分离形态

按照现代宗教政治学的一般理解,“政教关系”既包含“政教合一”又包含“政教分离”等各种形态,即便近代以来西方主要政体原则的“政教分离”也存在形态各异的现象,在宗教事务与国家行政互不干涉的原则前提下,主要有三种类型的区别:(1)国家对宗教采取柔和姿态的形态(如法国);(2)国家对宗教采取中立姿态的形态(如美国);(3)国家对宗教采取严厉压制的形态(如前苏联)[①]。但是,一方面,其基本精神则是国家(政府行政权力)不能承担宗教的功能,更不能设立“国教”,而宗教也不能涉入国家权力,可称为政教“限制原理”;另一方面,在政教分离的原则前提下,国家必须保护各民族宗教的活动自由以及国家对信仰自由的承诺,可称为政教“建构原理”。偏向于第一原理的政教分离属于“严格的分离主义”,偏重于第二原理的政教分离属于“中立的宽容主义”[②]。在当今世界,大多数现代国家(包括我国)的政教政策都表明“政教分离”乃是一种主流的价值观念。只有极个别的地区、国家(如某些伊斯兰国家)由于将政治视作实现宗教信仰的必要手段,而宗教则是政治的唯一合法性基础,因此依然奉行“政教合一”的传统体制。除此之外,大多数现代民族国家在经历了“现代性”转化之后,已不可能背离政教分离的原则而重返政教合一的时代。

从历史上看,“政教分离”的进程在西方始于 16 世纪,经

---

① 参见〔日〕井上修一:《フランスにおける政教分離の法の展開》,载佛教大学《教育学部論集》第 21 辑,2010 年 3 月,第 1—18 页。

② 参见〔日〕森本あんり:《ロジャー· ウィリアムズに見る政教分離論の相剋》,载大西直树、千叶真编:《歴史のなかの政教分離:英米におけるその起源と展開》,东京:彩流社,2006 年,第 45—71 页。

过17世纪宗教改革以及启蒙运动之后，迟至18世纪才逐渐定型为民族国家的立国原则。当代美国政治学家沃格林（E. Voegelin, 1901—1984）指出：

> 实际上开始的是，精神生活从公共代表中被剪除，以及相应地政治被缩减为某种世俗的内核。……在这个过程中，如果真的可以确定某个重要日期的话，那么它大概必须是《威斯特伐利亚条约》（*Treaties of Westphalia*）得到签署的1648年。该条约的条款深刻影响了教会的利益。……从此以后，精神秩序的公共代表，至少从国际舞台上被剪除了。①

同时他也指出，在整个西方，严格主义的政教分离政策的“完全首次出现于一个西方国家，就是1789年的美国宪法”②。质言之，《威斯特伐利亚条约》标志着以主权、民族为核心的，摆脱教会控制的现代性主权国家的产生，而美国《宪法》的规定则是指第一修正案：“国会不能立法建立一个国教，或禁止宗教的自由实践。”这既防止了特定宗教成为国家政治意识形态，也有效地保证了各宗教发展的自由。要之，“政教分离”原则不是简单地向“前基督教文明”的政教二元形态的回归，而是在理性的基础上，将宗教神学与国家政治剥离开来，以建构理性法则为上的现代国家，从而使宗教回到其自身的本位，负担其指导个人精神生活的责任。

顺便指出，“政教二元”其实是早期基督教主张的一个观

---

① 〔美〕沃格林：《政治观念史稿》卷五《宗教与现代性的兴起》，霍伟岸译，上海：华东师范大学出版社，2009年，第23页。

② 同上。

点,见诸《新约圣经》的一句话:“把恺撒的事情交给恺撒,把上帝的事情交给上帝。”早期罗马教皇吉莱希厄斯一世(Delasius I)在 496 年,将其比喻成不能用一只手掌握和使用的两把宝剑:

> 既然上帝赋予了我们和身体分离的灵魂,那么教会与国家就应彼此独立地存在,因而皇帝行使精神权力与教皇控制世俗的事务都是不正确的。上帝将其分离的东西,没有人可以将它们合二为一。①

然而事实上,早在 313 年以罗马皇帝君士坦丁一世宣布的《米兰敕令》为标志,早期遭受国家权力迫害的基督教获得了“公认”,380 年罗马帝国皇帝狄奥多修斯一世发布敕令,基督教正式成为“国教”,欧洲中世纪“政教合一”的时代自此拉开了序幕。

由此我们也就不难理解,为何在西方学术史上,“政教合一”的英文名原是 Caesaropapism,顾名思义,这是指恺撒与教皇的合一,即政治权威与宗教权威的合一。严格说来,这是 4 世纪之后的欧洲中世纪社会的特有现象。故有学者指出,基于这一概念的历史性,任何企图超出这一传统背景,而在其他文化传统当中去寻找“政教合一”的政治文化因素,并以此为由来讨论某种文化传统究竟是“政教合一”还是“政教分离”的问题,都不过是“食洋不化”的“假议题”,例如在传统中国,儒家从来不是教会组织,因此不可能发生“政教合一”

---

① 〔美〕莱斯利·里普森:《政治学的重大问题》,刘晓等译,北京:华夏出版社,2001 年,第 140 页。

的问题[①]。这个论断无疑是正确的。但是，这个判断却可能遮蔽了非西方社会例如包括中国在内的东亚社会在历史上所存在的宽泛意义上的“政教合一”现象，而其中的“教”主要不是指宗教，而是指一套社会“教化”体系——如“儒教”。的确，儒家文化属于一种教化系统而非制度宗教，即便是汉代董仲舒(前179—前104)提倡“独尊儒术”之后，儒学被提升为国家意识形态，具有笼罩整个社会生活的功能，但是儒学也从来没有成为一种真正意义上的严格宗教。

再看中国的东方——日本，在历史上自7世纪建立天皇制集权国家以来，虽然一直奉行“祭政一致”制度，但却不是严格意义上的“政教合一”，因为在日本历史上并不存在严格宗教(即制度宗教)，在天皇制下的“祭祀”制度，只是被视作国家—政治的一套礼仪规范，而不构成世俗社会的一套教化系统，因此一般以为日本历史上从来不是“政教合一”的国家政体。

然而到了近代的明治帝国时期——严格来说，即以1889年《帝国宪法》为标志，成功地建构起国家威权主义的“政教合一”体制。尽管这部宪法在建构日本近代国家的宗教制度和法律体系之际，明确规定宗教团体与国家政治实行分离，意味着符合近代国家“政教分离”“信仰自由”的立国原则。然而奇妙的是，“分离”只是名义上的，实质上，帝国政府正在加紧推动“合一”的过程，因为按照这部《宪法》的规定，“国家神道”既是国家祭祀礼仪，同时又是全民必须参与的公共事

① 李明辉：《评论台湾近来有关“中华文化基本教材”的争议》，载《思想》第25期，台北：联经出版事业股份有限公司，2014年，第277页。这是李明辉针对张灏《政教一元还是政教二元》一文(详见下)所提出的批评。

务,必须落实在国家活动、一般民众生活乃至学校教育制度当中,以增强国民的自我认同、国家认同乃至宗教认同,从而形成了事实上的“政教合一”体制,表现为天皇制下的集治权和神权于一身的政治体制(史称“国体”)。特别是20世纪30年代以后,在这一特殊“国体”的笼罩下,“政教”合一、“臣民”一体的国家极权主义形态得以空前的强化,进而成为推动侵略战争的强有力的一架机器以及制度保障。

故在第二次世界大战之后,GHQ(盟军最高司令官总司令部)便认定,日本的军国主义以及国家主义均和日本的“国家神道”这一宗教形态密切相关,尤其在政教问题上并没有严格实行西方共和体制下的分离原则,因此今后的日本必须首先解决宗教与政治的结合所带来的恶劣影响,因为正是这种看似独立于政治的国家神道的祭祀礼仪、基本教义,向人们灌输了政教一体的观念,从而形成了日本国民的集体意识,由此带来的一个后果是:由于战争行为是全体国民的自觉行为,因此战争失败的责任也须由全体国民来承担,而任何个人则无需为战争担责。在这种奇怪的逻辑背后,有一种重要的观念支撑,即“国家神道”,正是由于“国家神道”既是国家意志的体现,同时又是国民必须顺从的“神”的旨意,所以,战争行为的责任就不能诉诸个人而应当由整体国民来承担。

很显然,GHQ对于“二战”前日本的这种特殊的“臣民一体”“政教合一”的体制是有所警觉的,于是,在1945年12月就发布了《神道指令》,严厉要求解散国家与神道神社的结合关系。而为了打破日本自古以来就是“神国”的传统观念,紧接着,天皇于1946年1月1日发布了《天皇人间宣言》,宣告天皇不再是神而只是普通人，从而否定了天皇作为“现代人间神”的地位。但是，即便到了战后，作为神社神道的“国家神道”不但继续存在，而且摇身一变成为民间团体的独立神社，而神社组织（神社本厅）成了国家神道的中坚力量①。按照GHQ发布的《神道指令》，其立场是严格主义的政教分离，文中明确指出：“本指令的目的是让宗教和国家相分离，并防止宗教被政治误用，所有的宗教、信仰、信条拥有平等的机会和保障，建立在相同的、正确的法律依据之上。”②故其实质内容在于解除日本战争期间的“政教合一”体制，其中最为重要的一项规定是：它认定日本的国家神道就是神社神道，“为了解放日本国民，把日本国民从国家强制性指定的宗教乃至仪式的信仰或信仰告白（直接或间接）中解放出来”，故有必要实行“国家神道解体（废止）”。关于《神道指令》对日本国家神道的批评，岛薗进认为这是“建立在美国宗教观基础上的”，是“把美国的宗教模式生搬硬套在了日本国家神道上”③。这类见解在“二战”后的日本知识界几乎成为主流④。

由近代日本帝国的这段特殊历史来看，说明“政教合一”在某种特定条件下是可以建构的，历史上不存在并不等于现实上不可能，因为在现实世界中，人类行为通常会受到人的“利益”与“意见”的影响，其中，往往“意见”（或称“观念”）在

---

① 以上参见〔日〕岛薗进：《国家神道与日本人》“前言：国家神道的问题所在”，李建华译，北京：社会科学文献出版社，2015年，第5—7页。

② 〔日〕岛薗进：《国家神道与日本人》，李建华译，“前言：国家神道的问题所在”，第7页；第2章第3节“《神道指令》下的国家神道”，第70—71页。

③ 同上书，第68页。

④ 参见〔日〕大原康男：《神道指令の研究》，东京：原书房，1993年。

控制“所有的人类事务”中扮演着重要角色(哈耶克语)[①];反过来看,康有为的“孔教”设想与其君主立宪的建国方略也只不过是一种“意见”,但它差一点在民国元年之后便在中国政治上得以实现,倘若当时在国会上得以通过“国教”议案,那么此后的中国政教秩序便有可能是另外一种走向,政教关系得以密切结合亦未可知。

当然,还是一句老话,历史不可假设。但是,中国人历来相信“历史”是一面镜子,可以照见当下的“自己”并对未来具有警示的意义。

3. “政教之始”:公羊学的核心观念

从“政教关系”的视域看,政教既是教会与国家之间建立联系的一种“体制现象”,同时在一种宽泛的意义上,也是人类精神生活与社会团体生活之间的“密切联系”。因此,在基督教文化以外的其他文化传统中亦存在广义上的“政教合一”形态,例如在春秋前的上古中国,便存在以巫史文化为特征的、以“官师合一”为形态的政教一元现象。只是春秋以后,随着人文主义的崛起,这种原始的政教一元现象发生了中断,以儒家为代表的中国传统文化并没有产生制度宗教,因而也无法实现“政教合一”体制,所以,将其后两千年中国历史文化称为“政教合一”形态的观点是不能成立的。

如有学者指出,上古社会且不论,秦汉以降的中国社会尽管政教结合的程度有所缓和,但是基于“天子”制度的“政

---

① 原话是:“虽然人们常常受到利益所控制,但是即便是利益本身,和所有的人类事务,是完全被**意见**所控制。”(转引自黄克武:《一个被遗弃的选择:梁启超调适思想之研究》第1章“导论”,北京:新星出版社,2006年,第2页。“意见”两字的着重符号为原文所有)

教合一”形态则一直延续了两千年之久[1]。甚至有观点认为，可以用“政教合一”概念来指称中国历史文化的基本形态：“中国的‘文明—国家’有着政教合一的传统，和西方相对照，中国文明的传统不是政治与文化的分裂，而是政治与文化的合一。西周的王宫学与国家立法体系是中国政教合一国家文明的源起。”[2]然而，在我们看来，由于“政教合一”的用语具有浓厚的西学含义及其特殊的宗教背景，因此，当我们使用这一概念来思考中国问题时，需要慎之又慎。

众所周知，“政教”是春秋公羊学的核心概念，也是后世今文经学家据以论述政教思想的出典所在。据《春秋公羊传》“隐公第一”篇首载：

> 元年，春，王，正月。元年者何？君之始年也。春者何？岁之始也。王者孰谓？谓文王也。曷为先言王而后言正月？王正月也。何言乎王正月？大一统也。

东汉今文经学家何休（129—182）《春秋公羊传解诂》注曰：

> 统者，始也，总系之辞。夫王者，始**受命改制**，**布政施教**于天下，自公侯至于庶人，自山川至于草木昆虫，莫不一一系于正月，故云**政教之始**。[3]

这是说，文王必是受天之命，以正朔改制为始，即“受命改制”之意，同时又“布政施教”于天下，包括整个社会乃至自然界

---

① 何光沪：《论中国历史上的政教合一》，载任继愈主编：《儒教问题争论集》，第178页。杨阳《王权的图腾化——政教合一与中国社会》（浙江人民出版社，2000年）亦持此说。

② 张广生：《返本开新：近世今文经与儒教政教》，第188页。

③ 何休解诂、徐彦疏：《春秋公羊传注疏》，《十三经注疏》本，上海：上海古籍出版社，2014年，第6—12页。

无不以此为开端，这就叫做“政教之始”。这里的“政教”上承“布政施教”而来，未点明“教”的含义，然大致指一整套礼乐法度的体系，则无可疑。至于“政教”的关系，依其文脉看，应当构成一套结构系统而不可分而为二的。据此，从公羊学的立场出发，“政教”本来就是一元而非二元的存在关系，应当是可以确定的。

但是，公羊学的政治哲学并不能笼罩此后整个儒学发展的历史，更不能以此来取代儒家政教思想的立场，这一点同样是毋庸置疑的。像康有为（1858—1927）为“变法”而“炮制”的《新学伪经考》所说的那样，古文经全都是刘歆（前50—23）为助王莽篡汉编造的“伪经”，只有今文经才是孔子的真传，所以连清朝一代的汉学也无非是变乱孔子之道的“新学”，则显然都是经不起历史验证的“臆说”，诚如其弟子梁启超（1873—1929）所揭示的，康氏的《新学伪经考》及其后来的《孔子改制考》，都不过是“藉经术以文饰其政论”[①]，说的是实情。

那么，何休“公羊学”的那套“受命改制”“布政施教”的理论在此后的儒学史上，有否后续的讨论呢？说实话，直至清代中叶孔广森（1751—1786）《春秋公羊经传通义》为止，恐怕公羊学的那套理论就一直处在默默无闻的境地而少有人问津。民国初唐文治门生陈柱（1890—1944）撰《公羊家哲学》（成于1928年，刊于1929年），在《撰述考》一章中，引韩愈之说“近世《公羊》学几绝”之后，断言：“公羊之说，久成绝学，至

① 梁启超：《清代学术概论》，朱维铮校注：《梁启超论清学史二种》，上海：复旦大学出版社，1985年，第64页。另参朱维铮：《重评〈新学伪经考〉》，载氏著：《中国经学史十讲》，上海：复旦大学出版社，2002年，第192—205页。

清孔广森始著《公羊通义》。”此后罗列了六位治公羊学者之名：庄存与、庄述祖、刘逢禄、宋翔凤、陈立、皮锡瑞，但对他们的学说未及一字；后面又提到廖平和康有为，则以“说尤奇诡”“益失其本真”斥之，表示不足为取[①]。个中原因很复杂，要而言之，公羊学杂糅了《春秋纬》等谶纬思想的资源，对《春秋》做了一些大胆的“神秘性”（梁启超语）解释，令后人望而却步。

① 陈柱：《公羊家哲学》，李静校注，上海：华东师范大学出版社，2014 年，第 148—149 页。

二、儒家政教观的历史形态——以朱子为例

当然,公羊学的一些重要观念如“大一统”思想并未被历史完全湮没,而是历代春秋学研究的一个核心议题以及政治制度安排的一个重要考量。其中,“政教”概念更是被后儒广泛使用,这里仅举一例。例如《宋史・道学传》在讨论“道学”之名的由来问题时,就说“道学”的名称虽然自古以来并不存在,但是若从观念史的角度看,那么可以说:

> 三代盛时,**天子以是道为政教**,大臣百官有司以是道为职业,党庠术序师弟子以是道为讲习,四方百姓日用是道而不知。

这是将“政教”观念追溯至三代社会。然而重要的是,这里的叙述显然是将“道”置于“政教”之上,因为“道”才是天子推行“政教”的依据和原则,同时,世俗社会的各种职业以及教化体系的安排,也无不围绕“政教”来运转。

不待说,这里的“道”,盖指儒家历史叙述中的古代先王治理天下的规范——“道”,也就是后来儒学观念中的“圣人之道”。可见,即便在上古中国,天子所行之政教亦须在“圣人之道”的范导下才能得以顺利推行,因此,此所谓“政教”应是指国家管理层面的政事以及世俗社会层面的教化,并不是分指政治权威与宗教权威。

1. 道统重建何以是政教二元?

但是前几年,张灏撰文(以下简称张文)[①]特别以朱子(1130—1200)为例,对儒家思想传统中的"政教"问题进行了纵览全局性的考察,以图借朱子的政教观来揭示传统中国的政教典范,故而值得重视。他首先依据殷商时期巫史文化的宗教性特征,指出此时期的"教"乃是早期天命观的反映,属于一种特殊的宗教观念,先秦之后儒家的"教"概指"教化"而有别于宗教的含义,然而,张文的一个基本问题意识是:政教一元抑或二元的问题在传统儒家文化中是长期存在的。作为具体的考察策略,他将问题的焦点聚集在朱子的两篇文章——《中庸章句序》和《皇极辨》,发现朱子思想中的政教观存在一元论以及二元论的复杂情况,尽管其最终指向仍然是政教一元。由此得出一个结论:中国传统文化的政教问题相当复杂而不可一概而论,任何以政教一元或二元的理论标签来截然裁定传统中国的政教形态,都需格外的审慎。张文的这一提醒显然颇具深意,不仅是针对海外更是对中国大陆的中文学界提出了重要的警示。只是通观张文的论述,却令人感到其中仍有一些可以再议的问题,有待细究。

张文指出,对儒家思想中究竟持政教一元还是政教二元的问题历来聚讼纷纭,大致有两派意见:一派意见认为儒教自晚周以来就自视为独立于现实政治权威的一个精神传统,因此政教二元或政教对等是儒家自觉意识的一个基本特征;另一派意见则认为,自晚清张之洞(1837—1909)提出"政教

① 张灏:《政教一元还是政教二元?:传统儒家思想中的政教关系》,载《思想》第20期,台北:联经出版事业股份有限公司,2012年,第111—144页。下引此文,不再出注。

相维”的看法以来，这一观点得以流行蔓延，直至“五四”之后大张其帜，竟演变成“学界的主流看法”。张文认为这两种看法都有片面性，若从一种纵览全局的认识出发，儒家文化中既有主张政教一元又有主张政教二元的思想因子。至于张文何以判断张之洞的“政教相维”（而不是“政教分离”或“信教自由”）竟然在“五四”之后演变成“主流看法”，由于张文并未对此问题展开具体论证，故而只能存疑。

张文的分析主要集中在朱子的问题上。他指出，朱子1189年的《中庸章句序》表现出二元道统观，三年后即1192年（按，应是1196年）的《皇极辨》中的“皇极意识”却集中表达了一元论观点。当然我们都知道，《中庸章句序》阐发的“道统观”隐含着一层重要的含义，即自尧舜至孔孟的道统传授之后，发生了突然的中断，任何一个朝代的君主尽管都以“天子”名义来为自身的政治合法性提供依据，然而他们却无一例外地被排除在“道统”的谱系之外。这个说法首见于韩愈（768—824）《原道》，及至北宋道学的兴起，程颐（1033—1107）提出孟子之后的接续者是其兄程颢（1032—1085），南宋朱子则将道统谱系做了重新安排，道统接续者为周敦颐（1017—1073）、程颢和程颐。自此，儒家“道统”说得以确立。

张文认为《中庸章句序》的道统中断说以及道统新谱系，意味着政教二元的道统观，即道统与政统发生分裂，因为秦汉以后任何一位君主都没有资格接续道统。这一观念与朱子的历史二元论有关，即“三代与三代之后”的历史发生了断裂，呈现出两种不同发展趋向。也就是说，三代之后除了孔孟这些“有德无位”的先圣大贤尚能接续道统以外，秦汉以降的历史处在一片黑暗之中，既不可能出现担当道统的儒者，也不可能出现接续道统的圣君。于是，圣人之道便与世俗政治发生严重断裂,唯有等到自觉接续圣人之道以及圣人之学的"儒者"出现,才能有望打破这一局面。这一历史的关键时刻便发生在11世纪北宋道学兴起的年间,严格地说,即发生于周程传承的谱系当中。

但是,张文指出朱子《中庸章句序》的叙述存在一个难以自圆其说的问题。倘若孔孟与周程作为"有德无位"的儒者能身担道统的重任,而秦汉以降的任何一个朝代的君主没有资格承担道统,以此说明中国历史上存在政教二元的思想因子,那么,导致这种局面的最终原因究竟在儒者身上还是在君主身上?换种问法,道统的承担者何以是儒者而不能是人君?这个问题的实质是:道统的预设根据究竟何在?顺此问题追问下去,结论是明确的,由于程颐和朱子是观念预设先行,故其有关道统的忽断忽续的判断也就未必等同于真实的历史。

2. 皇极意识何以是政教一元?

然而,依张文,朱子思想有惊人的快速转变,因为就在《中庸章句序》的三年之后(1192),朱子继而在《皇极辨》[1]这篇自誉为"一破千古之惑"的得意之作中,却表明其念念不忘的是:回到三代社会"政教一元"的理想状态。张文援引《皇极辨》中的一段朱子语以证之:

---

① 张文此说有误。《皇极辨》有先后两本,初本撰于淳熙十六年(1189),即与《中庸章句序》的撰述年代一致,收在宋本《晦庵先生文集》后集;定本(即传世本)则成于庆元二年(1196),收在《朱子文集》卷七十二。根据陈来的考察,前后两本略有文字差异,但其基本思想并无不同(见陈来:《"一破千古之惑"——朱子对〈洪范〉皇极说的解释》,载《北京大学学报》2013年第1期)。据此,就不存在朱子思想有所谓1189年至1192年的发展变化之说。另参吴震:《宋代政治思想史上的"皇极"解释——以朱熹〈皇极辨〉为中心》,《复旦学报(社会科学版)》2012年第6期。

> 今以余说推之，则人君以眇然之身，履至尊之位，四方辐凑，面内而环观之：自东而望者，不过此而西也；自南而望者，不过此而北也。此天下之至中也。既居天下之至中，则必有天下之纯德，而后可以立至极之标准。故必顺五行、敬五事以修其身；厚八政、协五纪以齐其政，然后至极之标准卓然有以立乎天下之至中，使夫面内而环观者莫不于是而取则焉。语其仁，则极天下之仁，而天下之为仁者莫能加也；语其孝，则极天下之孝，而天下之为孝者莫能尚也。是则所谓"皇极"者也。[①]

这是说，作为人君位居"至尊之位"，犹如位居中央即处在四方辐凑之中央，四方得以环视仰望之，以此为"天下之至中"故也；既然位居"天下之至中"，则人君"必有天下之纯德，而后可以立至极之标准"，具体而言，就是人君以纯德为据，以身作则，通过顺五行、敬五事、厚八政、协五纪等政治行为，为天下树立标准，以使"面内而环观者"无不以人君之标准为标准，此即所谓"皇极"之本意。可见，朱子推翻了汉唐以来经学家释"皇"为"大"、释"极"为"中"的传统解释，由于"皇"为"人君"、"极"为"标准"，故"皇极"便是指人君为天下树立标准而不能有其他的解释。

然而，张文却从中读出另一层重要意思，并据此推定整部《皇极辨》就是发挥两个观点：第一，君主或天子是据宇宙秩序中央的一块"神圣空间"，为四方仰望；第二，君子又代表着最高最纯的道德标准，为世界树立一个精神楷模。由此两点，进而推论《皇极辨》"基本是回到天命说里'**三代圣王政教**

① 朱熹：《朱子文集》卷七十二，《朱子全书》第24册，上海：上海古籍出版社、合肥：安徽教育出版社，2002年，第3454页。

合一’的理念。这是朱子思想与整个道学的一个关键性发展”,并指出朱子不出三年便修正了《中庸章句序》的“政教二元分离”的观点,朱子认为这种“分离”现象是“三代以下的堕落与反常”,而《皇极辨》则表明朱子的“最后立场仍然是要由三代以下的反常回到三代的正常,恢复三代所树立的历史原始典范:圣王之治与政教合一”。但是,作为理想的政教合一与作为现实的政教分裂之间存在相当大的落差,而朱子却无法找到一个圆满的解决方案。

那么,张文是如何理解“政教合一”的呢?按其判断,中国政教合一的传统源自“天命说”,在上古中国的唐虞三代,人类有关宇宙以及社会的想象被笼罩在天命说的阴影之下,三代圣王的政治形态与宗教权威密切结合,这是由于三代时期的“帝”或“天”显然具有政治性与宗教性的双重身份,而宗教性又是君主统治的政治合法性来源,正是在这种天命观的笼罩之下,政教合一便成了三代社会的政治常态。

依张文,朱子思想的内在紧张则表明:一方面,在道统论述中,朱子预设了三代社会是圣王政教合一的理想时代,在三代之后特别是秦汉以降,政教二元的“反常”现实直至朱子那个年代依然没有得到根本的改观,因此三代以后的历代君主被排除在道统谱系之外,这就意味着否定历代君主的道德正当性,使得朱子的道统论含有强烈的政治批判性;但是另一方面,《皇极辨》中的“皇极”意识却又表明朱子向往三代、恢复政教一元的强烈政治愿望,而这才是朱子晚年最成熟的思想,也是朱子留给后世的最为重要的政治思想遗产。此后,南宋末真德秀(1178—1235)的《大学衍义》以及明初邱濬(1418—1495)的《大学衍义补》都继承和发挥了朱子政教合一的政治理念。

以上是张文对朱子“政教”观的思想分析，看似言之成理，然而我们发现张文对《皇极辨》的文本解读另有仔细推敲的余地，其对朱子的皇极意识的解读也有重新审视的必要。

3. “回向三代”不意味着回归“政教合一”

由张文上引《皇极辨》“今以余说推之……是则所谓皇极者也”一段表述来看，朱子强调作为天下之至尊的人君必位居天下之中央，相应地，也就必须以天下之纯德为天下示范、树立榜样，换言之，也就是要求人君“修其身”“齐其政”，即道德与政治或内圣与外王两手一起抓，以垂范于天下，这才是朱子的“皇极”意识的真实内涵。由此可见，朱子的“皇极”意识与其在政治上力图主张回归“天命说里‘三代圣王政教合一’”的社会模式有何关联，其实是两回事，因为这个提问方式本身并不成立。

然而，依张文的判断，任何要求君主在为政与为德上实现统一，必然是“三代圣王”时代“政教合一”之理念的反映。倘若这一判断成立，那么也就意味着任何一个时代的儒家士大夫无一例外地都必然主张回到“天命说里‘三代圣王政教合一’的理念”，换言之，儒家思想的整体历史便可被“政教合一”观念所笼罩。因为，向往“三代”对于儒者而言，几乎就是一个必然“命题”。宋代士大夫普遍存在“回向三代”的思想诉求，这是余英时在《朱熹的历史世界》中掘发的一个重要议题，按照余英时的判断，他认为从宋代知识人的集体意识来看，可以说，“回向三代”乃是他们的终极政治理想①。

---

① 余英时：《朱熹的历史世界——宋代士大夫政治文化的研究》第1章“回向‘三代’——宋代政治文化的开端”，北京：三联书店，2004年。

其实若从历史上看,反对政治与道德的二元分化,主张两者存在必然的延续,这本来就是儒学的一贯立场,正如孔子所言“为政以德”一般;反之,我们不可想象另一种情况的发生,即可以允许在人君身上存在为政与为德的人格分裂。然而,朱子《皇极辨》的核心关怀在于要求君主在道德上率先垂范,而并不意味朱子要求人君应当或必须将政治权威与宗教权威集于一身,用以展示居高临下的王权威严;这也是朱子推翻汉儒释“皇”为“大”、释“极”为“中”的传统解释,进而提出“皇”为“人君”、“极”为“标准”这一新诠释的良苦用心之所在。

至于张文认为朱子《中庸章句序》与《皇极辨》两文恰好代表两种政教观,即前者主张政教二元而后者主张政教一元,以此说明朱子思想有内在的紧张,存在一个“思想发展”的轨迹及其脉络,这是由于张文误认《皇极辨》的撰述年份为1192年,而不了解该文的撰述有初稿和定稿两个版本的文献史实,初稿本与《中庸章句序》为同一年即1189年,而定稿本则完成于“庆元党禁”之后的1196年,两稿文字虽有少异,但基本观点并无根本的改变。故由《中庸章句序》到《皇极辨》并不能证明朱子思想发生了戏剧性的大转变:由政教二元转向了一元。但若假设不存在这种转变而是朱子思想中本来就有的两种观点倾向,则会给人以一种印象:朱子的头脑有点混乱,说话不免自相矛盾。现在,张文判定这是朱子思想的转变,以免后人用思想矛盾来贬低朱子。

然而依然令人不解的是,朱子晚年何以会在政教一元抑或二元这种关涉“政治正确”的大问题上发生自我否定式的大转变?结论是,根据我们对《中庸章句序》和《皇极辨》的文本解读,可以判定,朱子的道统观念及其皇极意识与政教一元抑或二元的立场问题无关,而是反映了儒家政治学的一个基本观念:一方面,圣人之道绝非王权所能窃据;另一方面,君主可以通过“为政以德”的努力,为天下“示范”,以展示儒家圣人之道的意义,由此为自身的政治合法性奠定基础。但是即便如此,也并不意味着任何一个朝代的帝王统治可以与“三代圣王政教合一”的理想直接同一。为了明确这一点,有必要回过头来对中国语境中的“政教”问题再做稍详的探讨。

4. 政教二元形态下的秩序重建

事实上,“政教”问题在传统中国的语境中,主要指儒教的王道政治与教化体系的关系,而非指西方意义上的世俗王权与宗教权威之间的关系。即便是西周之前的早期中国宗教,其内涵所指也主要由三组概念所构成,即祖先神、自然神以及凌驾两者之上的“上帝”。正如张文所指出的,“上帝”尽管是宇宙间的最高神,“但这最高神并不代表超越,他与其他神灵只有量的差异而非质的差异”,这个论断极为敏锐。意思是说,殷商时代的“上帝”其实与西方神学的那种外向超越的绝对人格神在内涵上是存在根本差异的。当周代的“上天”逐步取代“上帝”观念之后,“天”的人格神色彩更趋淡薄,及至晚周,“天”已经发生人文化的转向,这在当今学界已成常识。

尽管如此,“天”仍然具有最高政治权威和道德权威的双重意味,世俗社会的君主受命于天而被称为“天子”,成为世俗政权的宗教性、合法性的一种证明,而“天子”制度、王权意识必已内含一种基本预设:政治教化同出一源,都是“天降神授”的结果。故从历史上看,章学诚认定三代社会“君师政教皆出于天”[①],不是没有理由的。

章氏依据的主要是《周礼》等上古文献。根据《周礼》的记载,西周时期有“师儒”“师保”等职,既是官又是师,两种职能集于一身,负责国学和乡学的德行道艺等教化。由此判定古者“官师合一”“治教合一”,是有历史依据的。但是这种说法并不能适用于晚周儒学兴起以后的历史。

根据《礼记·儒行》记孔子答哀公问儒之行,孔颖达(574—648)《礼记正义》称为“孔子说儒十七条”,孔子论述了儒者的各种人格特征,并对儒者的总体精神有一重要归纳:

> 儒有不陨获于贫贱,不充诎于富贵,不溷君王,不累长上,不闵有司,故曰“儒”。今众人之命儒也妄,常以儒相诟病。[②]

陨获,郑注:困迫失态之貌;充诎,郑注:欢喜失节之貌;不溷、不累、不闵,郑注:“言不为天子、诸侯、卿、大夫、群吏所困迫而违道。”

可见,孔子所谓的儒者风范,恰能套用孟子指称“大丈夫”之人格精神的三句话:“富贵不能淫,贫贱不能移,威武不能屈。”这三句话突显出儒者精神以服从“道”为最高原则和理想,具有不屈从权贵意志的独立精神,同时也是儒家“从道不从君”“以道抗势”的儒家政治传统的生动体现,更是独立于“君王”“长上”“有司”的人格自觉意识。这一精神的源头

---

① 章学诚《文史通义·原道下》末附“族子廷枫”识语,《章氏遗书》卷二,北京:文物出版社,1982年,第12页。又如:“治教无二,官师合一”(《文史通义·原道中》,《章氏遗书》卷二,第11页),“古者官师政教出于一”(《文史通义·感遇》,《章氏遗书》卷六,第53页)。

② 《礼记正义》卷五十九,《十三经注疏》本,北京:中华书局,1980年,第1669页。

可以追溯到孟子的这段话:“古之贤王好善而忘势,古之贤士何独不然?乐其道而忘人之势,故王公不致敬尽礼,则不得亟见之。见且由不得亟,而况得而臣之乎?”(《孟子·尽心上》)这是说,作为君主应当下礼贤士,而作为贤士则不应枉道以从势。反映了孟子的“道高于势”的政治思想。孔子所谓“天下有道则见,无道则隐”(《论语·泰伯》),也是将“道”看作高于世俗权势的至上存在。

由此可见,若用“官师合一”或“政教合一”来概括儒家思想的整体价值取向,显然有悖事实,反而会遮蔽孔孟儒学“以道抗势”的政治诉求及其价值理想。事实上,“回向三代”蕴含着两层意义:一是儒家士大夫借助“三代社会”的历史描述,表现出对理想社会的一种依托,因而具有未来指向,而绝不意味着重返上古时代“官师政教合一”的旧传统;一是儒家士大夫通过对“三代社会”的追忆和想象,旨在增强对现实社会失序现象的批判,因而表现出强烈的现实关怀精神。

一言以蔽之,以批判性的历史建构作为改变现实的手段,同时,未来指向也有必要以“三代”为标准,这才是“回向三代”这一普遍诉求的真实意图及其意义所在。犹如晚清维新派往往以“复古为革命”一样,以“复古”为手段而以“革命”为目标,同样,宋代儒者“回向三代”的诉求也是以此为手段,目的则在于理想社会秩序的重建。因而这种理想诉求往往带有现实批判精神,这一点也是不可忽视的,换言之,“回向三代”并不是主张开历史倒车,而是借助“三代”社会的理想,通过对当下社会现实的批判,以指向未来理想社会的构建。他们相信历史曾经有的,虽不等于现实存在,但却是未来一定会重现的,在现实中是可以作为努力之方向的。尽管现实是冷酷的,在君主体制的政治格局中,回向“三代”只能是儒家士大夫的一种永恒的“乡愁”，在现实上，三代是回不去的[①]。

因此我们可以说，朱子的政治哲学尽管也有“回向三代”的祈愿，但其目标并不是回归政教合一的三代社会，他的“皇极”意识表明，王权统治的合教法性基础就在于一个“极”字——为天下树立道德典范。这与重建“政教合一”社会体制这一问题并无直接的思想关联。按朱子的判断，天命观下的政教合一状态开始发生历史性的大转变，是“平王东迁”之后：**“谓平王东迁，而政教号令不及于天下也**。”[②]朱子又说“及周之衰，圣贤之君不作，学校之政不休，教化陵夷，风俗颓败”，而孔子由于“不得君师之位”，因此也不能“**行其政教**，于是独取先王之法，诵而传之，以昭后世”[③]。这里的不行政教，意味着“平王东迁”之后，学校之“政”以及学校之“教”都已经失序分离，其中的“政”和“教”这两个概念丝毫没有政治权威或宗教权威的意思。在朱子看来，当时的王者虽拥有世俗王权，但已无法推行“教”于天下，而孔子虽未得“君师之位”，但他却承担起“教”的责任，取“先王之法”传诵后世。于是，“教”成了儒家的事业而非王者所能独揽了，后世史书常说“**三代以上治出于一，三代以下治出于二**”（《新唐书·礼乐志》），讲的便是春秋之后中国社会政教一裂为二的历史状况。

---

① 参见李明辉：《“内圣外王”问题重探》，载氏著：《儒学与现代意识》（增订版），台北：台湾大学出版中心，2016年，第299页。

②《孟子集注》卷八《离娄下》，朱熹：《四书章句集注》，北京：中华书局，1983年，第295页。

③《大学章句序》，朱熹：《四书章句集注》，第2页。

的确,儒教道统说虽然有不同类型的表述[①],但是却有一点达到高度的一致,即孟子之后直至宋代以前的一千余年的历史发展过程中,没有一个朝代的君主有资格将"道""政"两统集于一身。也就是说,在宋代道学家看来,君臣一体虽是一种理想,但是现实状态却表现为君臣的互相制约;尽管"君臣共治天下"或者"得君行道"是一种理想的政治状态,然而现实是道统与政统往往是二元的而非一元的关系。因此可以说,朱子思想所追求的是政教二元形态下的秩序重建。

5. 小结:二元论下的政教依赖形态

严格来说,由政教二元向一元的回归,应当有两种形式需要区别:一种是观念上的扭转,而另一种则是制度上的变更。一方面,从观念上看,儒家始终认为以先王圣人之道为象征的终极存在"天道",并非王权所能独占或窃取,对于"天道"有真正体悟而能自觉承担的儒家知识人,便有资格成为"道统"的接续者,这应当是朱子等道学家的一贯立场;另一方面,从制度上看,王权拥有者亦须服从天道的指引,按照儒家的一套道德、礼仪规范作为自己统治天下的依准而不能胡作非为,从而获得政治合法性,继承历代传承下来的帝王"政统",这也是历史上儒家的固有主张。所以宋儒会有"君臣共治天下"的主张,其前提便是"道统"和"政统"是二元存在,任何人无法集于一身。

然而,张文为证实朱子晚年思想最终趣向政教一元,特意引用元代杨维桢(1296—1370)有关"道统,治统之所在也"

---

① 唐以后至少有三种类型的道统说,参见吴震:《心学道统论——以"颜子没而圣学亡"为中心》,载《浙江大学学报》2016 年第 3 期(网络版)。

这一历来被诠释为"治统"须置于"道统"下的观点做了重新的解释：

> 他（朱熹）从传统天命论的道德逻辑出发，自然认为君王的政治合法性与正当性是以他的道德精神与修为做依据，君主的"王格"必须以他的"圣格"为依据。这也就是元儒杨维桢所谓的"道统，治统之所在也"的意义。

意思是说，朱子基于传统天命论而得出的君主王权须以其道德修为（"圣格"）为依据，而这也正是杨维桢"道统，治统之所在也"之说的真义所在，反过来也就证明，朱子的政教一元论趣向，在此后的历史发展中也可得到普遍印证。

但是，针对杨维桢的这句话，余英时的解读却完全不同，他认为杨维桢在《三史政统辨》所言"道统，治统之所在也。……君子可以观治统之所在矣"的这句话在儒家道统论的历史上具有典范的意义：

> 可以说是理学政治思想史上一个划时代的标志。……明清以下儒者论"道统"与"治统"的关系，无论采取何种政治立场，大体上都不能越出这句论断的范围。①

由此则可说，朱子重建道统的微言大义就在于"竭力抬高'道学'的精神权威，逼使君权就范"②。对照之下，张与余的断语判若两极，笔者更倾向认同余说的判断，而张文的解释稍嫌牵强。原因在于，张文可能忽略了朱子的道统观是一价值判

---

① 余英时：《朱熹的历史世界——宋代士大夫政治文化的研究》上篇"叙说"，北京：三联书店，2004年，第17页。

② 同上书，第23页。

准，而非单纯地可以与治统并列的存在。

事实上，针对朱子道学家的这类高举天道而将道统置于治统之上的观点进行猛烈批判的声音出现在晚明，尤以管志道（1536—1608）为代表，他尖锐地指出儒家道统观至朱子而为之一变，最终必将导致“遂认帝王之道统，匹夫可得与”的严重社会后果[①]。在我们看来，杨维桢的上述论断并不足以构成对朱子道统观的批判，相反，是对道学家的以道统制约政统之观点的一个证明，而管志道目击晚明心学过分张扬主体，遂将政统反置于心学观的道统之下，因而表现出极度的政教忧虑，以为有必要“宪章高皇”（朱元璋），将朱元璋描绘成接续道统的典型，进而将道政两统实现了高度合一。除管志道外，还有泰州后学的罗汝芳（1515—1588）、罗的弟子杨复所（1547—1599）以及杨的弟子佘永宁等人都是当时“宪章高皇”之风气的鼓动者[②]。按罗汝芳的话来说，朱元璋简直是“天纵神圣，德统君师”[③]。意谓朱元璋乃是当今“君师”两统集于一身的“政教合一”的典范。

及至清代，清初康熙年间逐渐发生了观念上的转变。在康熙看来，宋儒的“君臣共治天下”的政治主张狂妄至极，与“天下家法，乾纲独断”的帝王政治背道而驰，儒家所谓的道、政两统已在“时王”康熙身上实现了高度统一，康熙自诩在他

---

① 管志道：《孟子订测》，载《四库全书存目丛书》经部第 157 册，济南：齐鲁书社，1997 年，第 704 页。

② 参见吴震：《罗汝芳评传》，南京：南京大学出版社，2005 年，第 498 页；吴震：《泰州学派研究》，北京：中国人民大学出版社，2009 年，第 413 页。

③ 罗汝芳：《一贯编 · 总论》，《四库全书存目丛书》子部第 86 册，济南：齐鲁书社，1997 年，第 220 页。另参刘增光：《寻求权威与秩序的统一——以晚明阳明学的“明太祖情结”为中心的分析》，载《文史哲》2017 年第 1 期，第 124—131 页。

手上已经实现了“一道同风”的太平世①。这显然是以康熙为代表的王权意识下的“政教合一”论，而当时的清代知识界，有相当一批人如“理学名臣”熊赐履(1635—1709)、李光地(1642—1718)、李绂(1675—1750)等更是迎合上意、一片喝彩，而乾隆朝的民间史学家章学诚(1738—1801)也运用其史学考据的功夫，证实了“君师政教合一”乃是上古三代社会的理想状态，认为有必要向“政教合一”回归，而且其“合一”的程度还须加强，在整个学界推广，以扭转只重经学考订而忽视史学经世的学风②。此有待后述。

按照黄进兴的观察，清初统治者擅用汉化政策，特别是在意识形态上强调道统与治统合于一身的政治权威只能由帝王承担③。这个论断是有见地的。但是这个论断只是指某一时期发生的观念转变，却不能证明在制度上，秦汉以来整个中国政治体制实行的便是道统、治统的紧密合一。因为事实很显然，政教二元论下的政教依赖关系才是秦汉以来中国政教史的常态，清朝集权制下的知识界为迎合帝王的王权意识而出现的回归“官师政教合一”的主张毋宁是一种特殊的“非常态”现象。

至于政与教或道与政，两者之间究竟是一元还是二元，从儒学发展的全局看，确如张灏所言，不同时代的儒者主张可能是多元的而并非一成不变。但是至少从先秦之后的儒

---

① 康熙《性理大全序》中语，转引自〔日〕荒木见悟：《道统论的衰退与新儒林的展开》，载吴震、〔日〕吾妻重二主编：《思想与文献——日本学者宋明儒学研究》，上海：华东师范大学出版社，2010年，第41页。

② 参见吴震：《章学诚是“近代”意义上“学者”吗？——评山口久和〈章学诚的知识论〉》，载澳门大学《南国学术》2014年第1期，第146—162页。

③ 黄进兴：《清初政权意识形态之探究》，载氏著《优入圣域：权力、信仰与正当性》，台北：允晨文化实业股份有限公司，1994年，第88—124页。

学发展史来看，儒家有一个基本立场是不能否认的，即儒家圣人之道绝非世俗王权所能独占。无疑地，朱子亦坚守儒家的这一基本立场，故其在政教问题上，表现为二元论下的政教依赖形态。至于朱子在《皇极辨》中展现的皇极意识特别是其中的“继天立极”说以及“天下垂范”说，并不能证明晚年朱子屈从于帝王权威，在政治观上由政教二元论陡然转向了政教一元论，而是意味着其一贯的道学家立场，即君主的政治合法性必须遵从圣人先王之道以落实为道德人格的修养。因为在儒家政治学的构想当中，政治与道德恰构成彼此有机的联系，而不能以政治性身份的“继天立极”来取代道德性要求的“天下垂范”，更不能以王权继承者的身份来窃取儒家圣人之道，自以为已成就了“圣格”的典范；相反，在朱子道学的理论示范下，作为君主更应小心谨慎地时刻注意修身立道的工夫修养、人格锤炼，唯有如此，才能向天下宣示政治合法性的基础在于自身德性的养成和完善。为说明这一点，我们不妨再以明末大儒刘宗周为例，稍做一些延伸的讨论。

刘宗周(1578—1645)虽然没有就“皇极”问题撰述专文，但他在明亡前夕的崇祯九年(1636)四月写了一篇奏疏，题做《三申皇极之要以决万世治安疏》，其中赫然可见“皇极”一词，仅从题名看，便可知刘宗周所用“皇极”必是该《疏》的一个关键词，也反映出其有强烈的皇极意识，他说：

> 然则操救世之权者如之何？亦曰正人心而已。而欲正人心，莫若明世教；明世教，莫若道先王之道以道之，而本之终在皇极之地。……今欲求端于皇极，请自

皇上躬亲圣学始。……[1]

不待说,刘宗周对皇极的理解与朱熹释皇极为“人君所以修身立道之本”几乎一模一样,都是要求皇上亲自垂范,为天下树立道德榜样,而毫无这样的意思:皇上本人就等同于皇极而无须做任何道德的努力,即意味着政治领袖已经同时集宗教(世教)权威于一身;因为皇极意味着终极的先王之道,这是君主需要通过一番“正人心”“明世教”的刻苦工夫才可有望达至的目标,而绝非君主可以窃据以为私有的。至此我们可以说,以皇极为例企图力证朱子的政教观回到了天命论下的政教合一立场,显然是一种过度的诠释。

总之,自历史发展的宏观视野看,自汉代以降的中国历史上出现的诸多政教观大都避开了绝对一元的决定论论述,宋明时代新儒家对政教关系的论述毋宁是以政教二元为其基本取向的,与此同时,也不是采取将政教关系截然断开、一拆为二的立场,而是相信在圣人之道的普遍规范下,政教两者是可以互相依赖的。及至清代之后,世风稍变,明确主张回归“官师政教合一”的上古中国传统则非清代中期史学家章学诚莫属。

① 刘宗周:《刘宗周全集》第3册,杭州:浙江古籍出版社,2007年,第124—125页。

三、章学诚的历史想象：回归“政教合一”

为进一步了解章学诚的有关“官师合一”“政教合一”的历史描述，有必要回到思想史的语境中来具体考察①。历史上，在孔孟时代，尽管并没有出现“政教”一词，但是在孔孟原典儒学中，重视“礼乐刑政”等政与教的问题则是毋庸置疑的。其实，儒家经典《中庸》“修道之谓教”的观点，已然涉及“政教”问题的领域，其所谓“道”，既有修身意义又有政治意义，即儒家的“王道”政治。那么，“政”与“教”究竟是什么关系呢？

1. 历史文化中的“政教”观

根据儒家传统的说法，孔子的“政者，正也”（《论语·颜渊》）以及《说文解字》的“政，正也”，是对“政”字的一般解释，概指端正自己的行为。所以，孔子接着说：“子帅以正，孰敢不正？”显然，其中含有修身的道德意味，所谓“为政以德”也是要求以“德”来约束自身。另一方面，“政”又泛指政事或政体，大致属于《大学》“治国”的范畴，如“礼乐刑政”中的“政”

① 关于章学诚的“官师政教合一”论，参看吴震：《章学诚是“近代”意义上的“学者”吗？——评山口久和〈章学诚的知识论〉》，载澳门大学《南国学术》2014年第1期，第146—162页。

既指政事又指政治制度。至于“教”，如“儒教”一词所表明的那样，其含义非常宽泛，主要指“教化”，而非严格意义上的“信仰宗教”，这是毋庸置疑的。即便儒家所说的“神道设教”，也只是指以“神道”之名来推行“教化”，而非指制度宗教的建构。

在先秦典籍中，“政教”连用并称则非常常见。如《逸周书·本典》载：“今朕不知明德所则，政教所行。”《管子·法法》说：“官职法制政教失于国也，诸侯之谋虑失于外也，故地削而国危矣……官职法制政教得于国也，诸侯之谋虑得于外也，然后功立而名成。”而在儒家典籍中，“政教”一词的出现频率属《荀子》最高，大致都是从“教化”角度而言的，如“政教习俗，相顺而后行”(《大略》)，“本政教，正法则”(《王制》)等，其中的“政教”概指政治行为与教化措施，而“广教化，美风俗”(《王制》)则是荀子政教观的典型表述。在荀子看来，教化就是最大的政治，而政治的目标是“美风俗”，为达此目标就须以“广教化”为基础，反过来说也一样，“教化”的目标在于“美风俗”。在这个意义上可以说，政教“相顺”乃是荀子政教观的典型观点，表明“政教”一词的含义已经格式化、固定化。然而，政教“相顺”的前提是政教二元，正是在二元的基础上，才能实现两者“相顺”的理想状态。

在前孔子时代，即雅斯贝斯所谓的“轴心时代”，一般认为普遍存在宗教意识特别强烈的现象，无论是古代埃及、巴比伦、波斯，还是古印度以及上古中国，都经历过“神权”笼罩一切的时代。在这一时代，各种神灵之间有一种特殊的联系，构成神灵的宇宙秩序与人间的世俗秩序的连接点在于“普遍王权”，基于王权源于神圣世界的信仰，建构起“政教合一”的人间秩序[1]。根据历史记载,“有夏服天命”(《尚书·召诰》)、夏禹“致孝乎鬼神”(《论语·泰伯》),而且每事必问卜筮,政令则假神意天命,故有学者断定,夏商周三代社会乃是典型的神权政治形态的“政教合一”体制,这就表明王者既是政治领袖又是群巫之长,甚至“帝”直接就是“王”(如商王)的祖先神灵的表征[2]。按照史华慈(1916—1999)的观点,上古时代的“政教合一”的社会秩序存在作为应然(as it ought to be)与作为实然(as it actually is)之间的张力,在西周早期随着“天命”新观念的出现,两者之间不得不发生了“断裂”[3],其结果是出现了神权与王权各得其所的政教二元现象。

事实上,在上古中国,如《尚书·虞书》所载:“天叙有典,敕我五典五惇;天秩有礼,自我五礼五庸哉……天命有德,五服五章哉;天讨有罪,五刑五用哉。”此所谓“有典”即指“五典”,据载,在帝尧时代,命舜担任司徒,执掌教育,教以百姓“五典”——父义、母慈、兄友、弟恭、子孝这五种美德。及至帝舜时代,舜命契为司徒,推行的也是“人伦”美德的教育。《孟子·滕文公上》记载:“人之有道也,饱食暖衣,逸居而无教,则近于禽兽。圣人有忧之,使契为司徒,教以人伦:父子有亲,君臣有义,夫妇有别,长幼有序,朋友有信。”讲的就是儒家伦理的“五伦”,这是“司徒”的主要职责。班固《汉书·艺文志》说:“古之王者,莫不以教化为大务,立大学以教于国,设庠序以化于邑。”也是说尧舜时代的古之圣王非常重视

---

① 参见张灏:《从世界文化史看枢轴时代》,载《二十一世纪》第58期,2000年4月。

② 参见张光直:《中国青铜时代》,北京:三联书店,1999年,第415页。

③ 〔美〕本杰明·史华慈:《古代中国的思想世界》,程刚译,刘东校,南京:江苏人民出版社,2004年,第53—54页。

“教化”，其主要内容应当就是上述的“五典”或“五伦”。另据《礼记·王制》的记录，司徒主管“修六礼以节民性，明七教以兴民德，齐八政以防淫，一道德以同俗，养耆老以致孝，恤孤独以逮不足，上贤以崇德，简不肖以绌恶”[①]。可见，司徒执掌的教育范围非常宽泛，包括礼、教、政、德等各个方面。

要之，从早期中国的经典来看，根据“天叙有典”或“教以人伦”等记述，可以说，“教”盖指世俗社会的一套教化体系而绝不是指特殊的宗教信仰或宗教教义，则是毋庸置疑的事实。

2. 章学诚的“政教合一”论

章学诚正是依据上述这些历史记载，认为在前孔子时代，学无私学，只有官学，更无私人著述，“学者所习，不出官司典守，国家政教”[②]；春秋以降，王官失于野，学术下私人，历史进入了诸子时代，于是，教育从“官司典守”分裂出去，“国家政教”也面临二元分裂，“官师合一”的传统终被打破，而章氏的理想是回归三代社会的“官师合一”的社会政治体制。他指出：

> 盖君师分，而治教不能合于一，气数之出于天者也。周公集治统之成，而孔子明立教之极，皆事理之不得不然，而非圣人故欲如是，以求异于前人，此道法之出于天者也。[③]

---

① 孙希旦：《礼记集解》卷十三《王制第五》，北京：中华书局，1989 年，第 361 页。

② 章学诚：《文史通义·原道上》，《章氏遗书》卷二，北京：文物出版社，1982 年，第 10 页。

③ 同上书，第 11 页。

> 教之为事，羲、轩以来，盖已有之。观《易·大传》之所称述，则知圣人即身示法，因事立教，而未尝于敷政出治之外，别有所谓教法也。虞廷之教，则有专官矣；司徒之所敬敷，典乐之所咨命；以至学校之设，通于四代；司成师保之职，详于《周官》。然既列于有司，则肄业存于掌故。其所习者，修齐治平之道，而所师者，守官典法之人。**治教无二，官师合一**，岂有空言以存其私说哉？①

这里把三代以降“君师分”“治教不能合于一”的历史现象归因于“气数”，有点历史命定论的味道，认为这类现象的出现乃是“事理之不得不然”的历史趋势所使然，并非“圣人故欲如是以求异于前人”的结果。反过来说，在章氏看来，周公、孔子之前的三代社会，官师治教本身是“合一”的，只是到了晚周以及春秋的时代，面对官师治教渐趋分离的现状，周公和孔子不得已分别完成了“集治统之成”和“明立教之极”的伟业。

显然，章氏所描绘的是政教官师合为一体的历史场景，他依据伏羲、轩辕以来的“虞廷之教”以及《周礼》所载“司成师保之职”，判定“师者”同时就是“守官典法之人”，故说“治教无二，官师合一”。由此看来，“治教合一”盖指三代社会“政治—文教”体制而有别于“政治—神权”体制。自后世儒家成为传统文化主流之后，儒家教化系统及其祭祀礼仪系统更为成熟，与国家政治组合成一套“礼乐刑政”的典章制度。然而，依章学诚，他欲强调的是古代王宫之学“出于公”而不出于“私”的观点，故回到“官师合一”也就意味着所有私人著

① 章学诚：《文史通义·原道中》，《章氏遗书》卷二，北京：文物出版社，1982年，第11页。

述活动都必须为“公家”服务。

显然，章氏对于上古时代“官师合一”的社会充满了想象和期望。令人颇感兴味的是，人们在讨论中国历史上是否存在政教合一体制问题时，几乎都以章氏的上述说法作为依据，不仅认定三代社会是政教合一的体制，而且以此推论中国社会长期以来一直奉行政教合一的政体。其实，章学诚是托古论今，他是出于对春秋之后官学变私学、政教发生分离直至他所生活的社会现状的不满，为从根本上扭转社会失坠的颓势，故而重提“治教无二，官师合一”的社会理想。可见，章氏期望重新“回向三代”的政教不分、官私著述统一于“时王”的体制之下，目的在于实现其将经史之学、官私之学统一起来的学术主张，与此配套，官师合一之政体也必须加以重建。故章氏又说：

> **“以吏为师”，三代之旧法也**；秦人之悖于古者，禁《诗》《书》而仅以法律为师耳。三代盛时，天下之学无不以吏为师。《周官》三百六十，天下之学备矣；其守官举职而不坠天工者，皆天下之师资也。东周以还，**君师政教不合于一**，于是人之学术，不尽出于官司之典守；秦人**以吏为师**，始复古制，而人乃狃于所习，转以秦人为非耳。秦之悖于古者多矣，犹有合于古者，**“以吏为师”**也。[1]

这里一连出现了四处“以吏为师”的概念，成为整段叙述的核心概念，意同“官师合一”。在章看来，“以吏为师”是三代社

---

① 章学诚：《文史通义·史释》，《章氏遗书》卷五，北京：文物出版社，1982年，第41页。

会之“旧法”，东周以降虽已渐趋消失，然而秦朝却曾一度恢复这一“古制”，尽管秦始皇的许多举措荒谬至极，但是其“以吏为师”的政策主张却值得肯定，因为这与章氏对上古历史的考察若合符节。

须指出，“以吏为师”确是法家为战国时代百家争鸣打上终止符的一个观点主张，也是法家为实现“车同轨，书同文”——“同文为治”这一政治理想的一个实践步骤。最早出自秦朝丞相李斯（约前 284—前 208）之口，他在秦始皇三十四年（前 213）所上的奏议中首先指出当时存在“私学而相与非法教之制，人闻令下，则各以其学议之”的社会现象，即官师分离、政教分离之现象，这里的“私学”便是指战国时代的诸子之学。李斯认为“若有欲学法令，**以吏为师**”（《史记·秦始皇本纪》）。此即说，一国法令得以顺利实行，必须以“以吏为师”的国家政策为前提。

另一位法家思想家韩非子（前 280—前 233）也明确主张：“故明主之国，无书简之文，**以法为教**；无先王之语，**以吏为师**。”（《韩非子·五蠹篇》）可见，在法家思想的主导下，吏师、政教都必须统合起来、合二为一，而且其间有主从之别，“师”出于“吏”、“教”出于“政”，而不能反过来。此即章学诚津津乐道的作为秦朝国家政教体制的所谓“以吏为师”。然而，由于秦朝短命而亡，因此，并不能证明秦朝推行的“以吏为师”的政教合一主张便是中国传统政治的常态。这一点就连章学诚也不得不承认，他说：“至战国，而官守师传之道废，通其学者，述旧闻而著于竹帛焉。”[1]这表明战国时代，“官师

① 章学诚：《文史通义·诗教上》，《章氏遗书》卷一，北京：文物出版社，1982年，第 5 页。

分职”“治教分途”的现象已成定局。于是，人们纷纷以私人著述的方式，将上古政教典章的“旧闻”记录在“竹帛”之上，而人们已经不再了解“竹帛之外，别有心传”。这里的“心传”是指圣王相传的“口耳转授”之“道”，章氏指出“口耳转授，必明所自，不啻宗支谱系不可乱也”①。也就是说，到了战国时代，这个原本“不可乱”的“宗支谱系”随着“官守师传之道废”便已不复存在。

王汎森指出，战国时代百家争鸣，在今人看来是思想的黄金时代，但是在章氏看来是“文化堕落”②，讲的是实情。如章氏明确指出：

> 官师既分，处士横议，诸子纷纷著书立说，而文字始有私家之言，不尽出于典章政教也。③

也就是说，“文化堕落”与否的一个判立标准，端在于“官师合一”还是“官师分途”。由前者，则上古的“典章政教”犹有存焉；由后者，则必导致“处士横议”而“典章政教”湮没不闻。时势文运一盛一衰，端赖于此。

因此，可以确切地说，章氏的史学思想或者说他的政治哲学的整个基础就建立在一个支撑点上：“官师合一”“治教合一”。无论是36岁时开始构思的《文史通义》还是晚年的《校雠通义》，都开宗明义地表示他是从“官师合一”的立场出发来审视上古时代的典籍史、文化史的。

---

① 章学诚：《文史通义·师说》，《章氏遗书》卷六，北京：文物出版社，1982年，第51页。

② 王汎森：《权力的毛细管作用》第9章“对《文史通义·言公》的一个新认识”，北京：北京大学出版社，2015年，第451页。

③ 章学诚：《文史通义·经解上》，《章氏遗书》卷一，第8页。

3. 汉代以降“政教”分途已成定势

从历史上看，进入汉代之后，被认为是荀子后学的著名儒者贾谊（前200—前168）便对政、教、道的关系提出了新看法，反映了此后传统儒家有关政教问题的基本观点：

> 夫民者，诸侯之本也；**教者，政之本也**；道者，教之本也。有道，然后教也；**有教，然后政治也**；政治，然后民劝之，然后国丰富也。[①]

显而易见，从位序上看，道在上，教在中，而政在末。另外还有一个位序，则是民、诸侯、国家，从“民者，诸侯之本”，“民劝”而后“国富”的叙述脉络看，这应当是孔孟儒家传统的民本思想之反映。

若将两者合起来看，则在民本思想的前提下，政治属于为民服务的从属性存在，为达此目标而有必要实行“教化”，而教化得以成立的依据在于“圣人之道”。可见，道、教（学）、政三者具有差序性特征，这就完全颠覆了秦代法家的“以吏为师”、政教合一的主张，将“教”置于治理国家、安顿秩序的第一序的地位。质言之，此便是儒家“政由教出”“教为政本”的传统政治学，充分表明儒家政教观属二元论下的依赖关系。

照余英时的判断，法家所谓的“以吏为师”，“也许比三代的政教合一更为严厉。但是事实证明，政教既分之后已不是政治势力所能强使之重新合一的了”[②]。洵为不刊之论。另一方面，余英时在分析汉代酷吏现象时则敏锐地指出，这与

---

① 贾谊：《新书·大政下》，《百子全书》所收扫叶山房1919年石印本，杭州：浙江人民出版社，1984年影印本，无页码。

② 余英时：《士与中国文化》，上海：上海人民出版社，1987年，第170—171页。

秦朝的“以吏为师”的政策有着思想渊源：“‘以吏为师’使循吏的出现在事实上成为不可能。相反地，它却为酷吏提供了存在的根据。”[1]也就是说，尽管“以吏为师”的法家主张已不可能迫使社会的走向将已经分离的政教实现重新合一，但是法家思想仍在中国社会的传统体制中留下深刻的烙印，却也是不可否认的历史现象。

那么，向汉武帝建议“独尊儒术”的董仲舒在政教关系问题上又持何看法呢？事实上，就在他提出的著名的对策中，其主张是政教分立、官师分离，而且强调“师”应在“吏”之上：

> 臣愿陛下兴太学，置明师，以养天下之士，数考问以尽其材，则英俊宜可得矣。今之郡守、县令、民之师帅所使承流而宣化也。故师帅不贤，则主德不宣，恩泽不流。今吏既亡教训于下，或不用主上之法，暴虐百姓，与奸为市，贫穷孤弱，冤苦失职，甚不称陛下之意。[2]

这是主张“置明师”为国家教育的第一义，若要得“天下英俊”，必须以“师”为重，以“师”为治理地方的第一要务，能起到“承流宣化”的重要功能，而那些“教训于下”的“吏”的功能则居于次要的地位。这就表明在他的观念中，政治秩序有赖于教化秩序。这里的“教化”基于“太学”“明师”的基础上，则显然是指儒家教化而不可能是法家意义上的“以法为师”的教化系统。

可见，政教、吏师已经分途，若无特殊的社会重大变化，一旦分途之后而欲将其重新“合一”，则显然已无可能。至少

---

① 余英时：《士与中国文化》，上海：上海人民出版社，1987年，第171页。

② 《汉书》卷五十六《董仲舒本传》。

从制度史的角度看,汉代以郡县替代封建之后,“以吏为师”已完全失去制度的依托,与此同时,随着汉代儒者的地位上升,教育的普及以及官员的知识化趋向,也必使“师”的身份从政治剥离出来而拥有了独立的地位。故余英时指出,中国传统社会的知识分子的历史性格“自始即受到他们所承继的文化传统的规定,就他们管恺撒的事这一点来说,他们接近西方近代的知识分子;但就他们代表‘道’而言,则他们又接近西方的僧侣和神学家”[①]。这是很有见地的论断。此即说,“道”才是高于“政教”而又能连接“政教”的终极存在,而“道”的承担者则是传统儒家的士人。

关于董仲舒,我们再稍做衍生的讨论,以便澄清晚清公羊学家对董仲舒的一些误解。按照对董仲舒的一般理解,他一方面固然强调“王者承天意以从事”(《春秋繁露 · 尧舜汤武》),“受命之君,天意之所予也”(《春秋繁露 · 深察名号》)等观点,表明“天意”才是君主政治的合法性来源,然而另一方面,我们切不可忘了董仲舒所谓的“天意”,是高居君主之上的人格神存在,对世间具有巨大的影响力和宰制力,因此“天意”的存在构成了对世俗王权的限制性原则。按照董仲舒的说法,人间的灾异现象其实是“上天”对人主失政的一种警示和谴告。故在董氏的观念当中,“天意”并不等于西方神学意义上的“神权”,而是接近于上古中国宗教传统的“天人感应”观念中的“上天”这一宗教性存在。

重要的是,董仲舒对“天意”的理解有一条底线原则,即君主绝不能独揽“天意”于一身,因为“天不变道亦不变”的天

---

① 《中国知识分子的古代传统——兼论“俳优”与“修身”》,见余英时:《士与中国文化》,第 107 页。

道原则是超越于王权之上的，并非王权可以独占，君主纵使拥有再大的世俗权力，也不能将“上天”等同于自己的直接化身。相反，作为有意志的“上天”存在具有监督和审查君主行为的能力，能对君主的错误政治行为发出“谴告”(即警示)。应当说，这不仅是董仲舒一人的想法而已，而应是儒家政治思想的传统。例如朱子曾就某次灾异天象的发生，上疏具陈，指出：“古之圣王遇灾而惧，修德正事，故能变灾为祥，其效如此”，进而建议皇上“视以为法，克己自新，蚤夜思省，举心动念、出言行事之际，常若皇天上帝临之在上，宗社神灵守之在旁，懔懔然不复敢使一毫私意萌于其间，以烦谴告”[①]。这就说明，在朱子看来，王权绝不可能独揽神权，相反，王权必然受到“皇天上帝”的制约。

从历史上看，自东周以降，天命观已经发生人文化的转向，其中开始注入“德”的因素，这几乎是目前学界的一项共识。举例来说，例如商代暴君纣之所言“我生不有命在天”(《尚书・西伯戡黎》)，就被后人视作悖逆天意的狂言，其结果必受到上天的惩罚，使得自己的统治很快丧失了政治合法性。又如，人们耳熟能详的晚周以来的“皇天无亲，惟德是辅”(《尚书・蔡仲之命》)这一凸显出“德”之重要性的新政治观，成为后来儒家政治的主流观念。而这一观念表明王权与上天的亲缘性已被切断，在王权与天意之间，注入了人文主义的道德因素。至于《左传・僖公五年》所引《周书》的一段话：“《周书》曰：皇天无亲，惟德是辅。又曰：黍稷非馨，明德惟馨。又曰：民不易物，惟德繄物”，则更为清楚地表明天命

① 朱熹：《朱子文集》卷十四《论灾异劄子》，《朱子全书》第20册，上海：上海古籍出版社、合肥：安徽教育出版社，2002年，第685页。

转移或皇天无亲的唯一依据竟然在于“德”，这是到了晚周以后才出现的一个明显的文化转型现象，即从自然的原始宗教转向伦理性或人文性宗教的一个明证[①]。许倬云认为，周代的至上神——“天”已逐渐向“道德的神”发生转化，最终发展出伦理宗教的信仰系统[②]。按照李明辉的说法，宗教被康德大致分为两类——“追求恩宠的宗教”与“道德的宗教”，而唯有后者才配称为“真正的宗教”，周代的“宗教”形态显然还不是康德意义上的“道德宗教”，此有待孔子儒家的出现，经历了一番创造与转化，诸如“孔子对天、天命、鬼神、祭礼、祈祷的态度使我们有充分理由将其宗教观归入康德所说的‘道德宗教’，这在中国传统文化的发展中代表一种根本的转向”[③]。

当然，在汉以后的中国历史上，宗教从来未能凌驾于国家之上，儒教与王权也并没有构成水火不容的冲突关系，两者之间往往有成功结合的案例，正是借助于世俗王权的力量，儒教在社会、政治、文化乃至制度等各个层面发挥重要的影响力。只是先秦以后，政教二元分离成为中国政治文化历史的常态，这与儒家政治学说成为中国文化主流是有重要关联的。

总之，章学诚所谓的“治教无二，官师合一”“古者官师政

① 李景林：《义理的体系与信仰的系统——考察儒家宗教性问题的一个必要视点》，载《北京师范大学学报》2016 年第 3 期，第 88 页。关于中国古代文明的“伦理宗教”问题，参见陈来：《古代宗教与伦理——儒家思想的根源》，北京：三联书店，1996 年。

② 许倬云：《周人的兴起及周文化的基础》，载《历史语言研究所集刊》第 38 本，1968 年。

③ 李明辉：《从康德的“道德宗教”论儒家的宗教性》，载哈佛燕京学社编：《儒家传统与启蒙心态》，南京：江苏教育出版社，2005 年，第 261 页。

教出于一”[1]，既是对春秋前的一种史学描述，同时也是对未来社会的观念想象，并不是先秦之后的中国社会历史的实际状况，更不是孔孟为代表的儒家政治文化的立场。至于儒家政治文化的基本立场，则可一言以蔽之：“以政统言，王侯是主体；以道统言，则师儒是主体。”[2]也就是我们所说的二元论下的政教依赖形态，表现为道统与政统、王权与师儒之间的彼此牵制或互相依赖的关系。

4. 小结：晚清的政教忧虑

根据王汎森的考察，章学诚的“官师合一”“同文为治”这一偏向于文化专制主义的激进思想在当时乾嘉时期显得孤掌难鸣、鲜有响应，但很快在嘉、道以降的晚清政治思想的新动向中得到热烈反响，其轨迹大致有二：一者，与章氏思想产生共鸣的原因在于有相当一部分人开始不满清代中期盛行的考据之风，他们关心时局，提倡经世，想着如何重新调整社会秩序、世风格局，于是，章氏的史学经世思想成了他们效仿的模范；一者，另一批人更为关心如何重整思想与文化的秩序，收拾清季愈演愈烈的多元思想带来的“淆乱”，于是，他们为章氏的“官师合一”“治教合一”“同文为治”的政治复古理想击节拍掌[3]。

除与章氏同时的汪中（1745—1794）之外，稍后的龚自珍（1792—1841）及与龚齐名的魏源（1794—1857）均在自己的著作中力阐“官师合一”的理想，特别是龚自珍在著名的《乙

① 章学诚：《文史通义·原道中》，《章氏遗书》卷二，第 11 页；《文史通义·感遇》，《章氏遗书》卷六，第 53 页。

② 余英时：《士与中国文化》，第 102 页。

③ 王汎森：《权力的毛细管作用》，北京：北京大学出版社，2015 年，第 460 页。

丙之际著议第六》这篇文章中，不仅表达了“治学合一”的思想，而且明确主张：“是道也，是学也，是治也，则一而已矣。”[①]这实际上便是“道”“学”“政”三位一体的政治哲学主张。根据梁启超的观察，龚自珍和魏源“皆好作经济谈”，“故后之治今文学者，喜以经术作政论，则龚、魏之遗风也”[②]。及至清季，如谭献（1832—1901）、郑观应（1842—1922）等保守派或开明思想家，也都表示“官师合一”才是救世良方[③]。由晚清动向来反观章学诚史学思想的经世意义，我们可以发现，章氏史学的经世指向是要标举一套有关加强思想言论管控的社会模式，而根据他的历史考察，最为理想的管控模式无非就是“治教合一”“官师合一”“同文为治”。

然而，当历史步入晚清，“西学”愈演愈烈而“中学”却在风雨飘摇的动荡之中，人们对于传统中国的认识有了一个巨大的“参照物”——作为“他者”的西方文化，使人发现原来世界上还存在另一种与中国传统完全不同的文化类型，而且似乎更为“先进”、更为“文明”。面对列强夹带着武器而输入的政教文化的新局面，有一种观点就认为，西方的政教分离不可模仿，因为中国传统讲的是“道通为一”的理念，例如向来以为文化立场非常保守的代表人物孙宝瑄（1874—1924），在戊戌变法之前年，就明确指出：

---

① 《龚自珍全集》上册，北京：中华书局，1959年，第4页。

② 梁启超：《清代学术概论》，朱维铮校注：《梁启超论清学史二种》，上海：复旦大学出版社，1985年，第63页。

③ 以上分别见魏源：《默觚上·学篇九》，《魏源集》，台北：鼎文书局，1978年，第23页；谭献：《复堂日记》，石家庄：河北教育出版社，2000年，第20页；郑观应：《郑观应集》上册《道器篇》，上海：上海人民出版社，1982年，第244页。这些资料线索均见王汎森：《权力的毛细管作用》，第460—462页。

> 居今世而言学问，无所谓中学也，西学也，新学也，旧学也，今学也，古学也，皆偏于一者也。惟能贯古今，化新旧，浑然于中西，是之谓通学。
>
> 通则无不通矣。[①]

这是主张“道”具有普遍性，用“道”可以打通“古今中西”或“新旧内外”的问题。所谓“道无不通”，就是“道通为一”的意思。

直至辛亥革命之后，文化立场日趋保守的王国维（1877—1927）在对中国历史的一个总结性判断中，明确提出了“道通为一”的观点：

> 自三代至于近世，道出于一而已。泰西通商以后，西学西政之书输入中国，于是修身、齐家、治国、平天下之道乃出于二。[②]

这是说，近代以来，“道出于一”的中国文化传统被西方文化所打破，不得不走向“道出于二”的分裂[③]。如果欲超越所谓“中西”“古今”“新旧”“内外”种种对立的格局，就理所应当地回归中国文化“道出于一”的“优秀”传统。

但是，其所谓的“传统”其实不是真传统，毋宁是站在近代立场回看“传统”的一种“后见之明”。因为从历史上看，晚周以来发生了“道术将为天下裂”之后，不仅诸子百家的思想

---

① 孙宝瑄：《忘山庐日记》1897 年 3 月 17 日，上海：上海古籍出版社，1983 年，第 80 页。

② 王国维：《论政学疏稿》（1924 年），载《王国维全集》第 14 卷，杭州：浙江教育出版社、广州：广东教育出版社，2009 年，第 212 页。

③ 以上关于晚清民初的“道出于二”的思想现象，参见罗志田：《道出于二：过渡时代的新旧之争》，北京：北京师范大学出版社，2014 年。

异彩纷呈,此后的儒释道三教也存在有张有弛的张力,而儒家理想的道统、学统、政统也从来没有实现过真正的合一。因为,儒家的"从道不从君"的政治原则,意味着儒家政治哲学的立场是,道统在政统之上而不能相反。

不过,若从清末民初的时代背景看,正是由于有了西方这面巨大的"他者"镜子,所以才会倒映出自身的历史文化的一种新影子,王国维的"道出于一"、张之洞的"政教相维"的历史描述以及观点主张,其实蕴含着他们对未来中国政治理想的依托,反衬出他们对晚清衰败现实的不满以及对未来中国社会的焦虑。正是为了解除这类不满和焦虑,于是,人们开始想象以往的"历史"或悠久的"传统"是多么优秀,以求从中找到拯救时弊的灵药妙方。譬如晚清中国,在国门被打开之后,中国的"道术"早已被各种各样的西洋思潮分裂得支离破碎,于是引发了他们强烈的复古情结,开始怀念"三代至于近世"的"道出于一"的中国老传统。然而这种复古情结可以有两种不同的类型和走向:一者借复古以浇愁,怀揣着"喜旧厌新"的心结而不放;一者以复古为手段,一心想着借复古为"革命",属于"喜新厌旧"的类型。可是不管怎么说,光是想念着行将远去、日渐褪色的传统,于事又有何补呢?

四、康有为"孔教国教化"的政教设想

康有为的变法主张以及孔教运动，企图在君主制下变出新局，便是"借复古为革命"的典型。

然而，就在康有为等人将要发动悲壮的"百日维新"之前三天，光绪二十四年六月初七(1898 年 7 月 25 日)，保守派的中坚人物、以力主"中体西用"而著名的张之洞(1837—1909)已经明显察觉到维新势力正在不断上涨，为了阻止这股势力的日益膨胀，张之洞将其新著《劝学篇》通过黄绍箕(1854—1908)上呈给光绪，据传，光绪帝非常欣赏《劝学篇》，谕旨将其颁发各省督抚、学政各一部，并在谕旨中称此篇"持论持平通达，于学术人心大有裨益"[①]。

张之洞在书中提出了有关"保国""保教""保种"等各种有关政教问题的设想，其中两次提到了"政教"一词，即卷下外篇《会通第十三》"中土之学术政教"条，以及下面引文中所见的"政教相维"主张。看来，他的政教意识似乎比康有为先走了一步，故有必要先来了解一下张之洞的政教观。

① 徐致祥等：《清代起居注册(光绪朝)》，台北：联合报文化基金会国学文献馆，1987 年，第 30929 页。转引自葛兆光：《孔教、佛教抑或耶教？——1900 年前后中国的心理危机与宗教兴起》，载王汎森等：《中国近代思想史的转型时代——张灏院士七秩祝寿论文集》，台北：联经出版事业股份有限公司，2007 年，第 234 页。

1. 前言：张之洞"政教相维"说

张之洞在《劝学篇·序》开宗明义地指出：

> 窃惟古来世运之明晦，人才之盛衰，**其表在政，其里在学**。①

这里的"政学"是相对之词，意近"政教"，所指基本相同，只是他强调"学"比"政"更为根本，故贯穿《劝学篇》的一个宗旨就在于主张"正学"。

张氏认为，对中国来说，"政教"体现为圣人之政和圣人之教，其实质内容几千年来从未有变，只是其形式略有变化，上古时代表现为"以君兼师"，即一国之君同时也是一国教育的掌管者；中世之后特别汉唐以降，将儒术之"教"视作圣人之政，即将儒家教化与朝廷政治结合了起来；随后，张之洞强调指出"政教相维"乃是贯穿"古今""中西"的普世价值，他称之为"常经"和"通义"，只是他的叙述方式属于历史性的描述而非理论性的建构，他这样说：

> 今日之世变者，其说有三。一曰保国家，一曰保圣教，一曰保华种。夫三事一贯而已矣。保国保教保种，合为一心，是谓同心。保种必先保教，保教必先保国。……我圣教行于中土数千年而无改者，五帝三王明道垂法、**以君兼师**；汉唐及明，宗尚儒术，**以教为政**；我朝列圣，尤尊孔孟程朱，屏黜异端，纂述经义，以躬行实践者教天下。故凡有血气，咸知尊亲。**盖政教相维者，古今之常经，中西之通义**。我朝邦基深，固天之所祐，必有与立。假使果如西人瓜分之妄说，圣道虽高虽美，彼

① 《张之洞全集》第12册，石家庄：河北人民出版社，1998年，第9704页。

安用之?[1]

这是在“三千年未有之变局”发生之后,在面临“保国”“保教”“保种”这三大时代危难的局面下,张之洞苦心思索而得出的一个力挽狂澜的政治主张。他对中国政教传统的历史观察是:“五帝三王”时代是“明道垂法,以君兼师”,即“君师合一”;汉唐及明为止,则表现为“崇尚儒术,以教为政”,即“政教合一”;及至清朝,更是承继了孔孟程朱的一贯道统。最后,纵观自古以来的历史传统,张之洞用“政教相维”来归纳上古的“以君兼师”以及中古的“以教为政”,并且强调“政教相维”才是“古今之常经,中西之通义”。张氏的旨趣显然在于:当今之世的晚清帝国所面临的“古今中西”问题可用“政教相维”四字来获得彻底的解决,因为,“政教相维”正是贯穿“古今中西”的普世价值。

从表面看,所谓“政教相维”,意在调和政教的紧张关系,含有以“政”辅“教”、以“教”辅“政”的含义,然而这个说法的矛头是指向当时从西方输入的“政教分离”,因为“分离”显然将政教置于“二元”的境地,而“相维”则以“一元”作为前提,在这个意义上,“政教相维”是政教一元论下的政教依赖形态。其实,近代西方的“政教分离”原则并不意味着政教完全“割裂”,相反,国家政府正是在“政教分离”的前提下,旨在维护“信教自由”,这就是上面提到的政教关系论中的“建构原理”,也是“政教分离”的本意所在。也就是说,“分离”不是绝对的,正可起到“相维”的作用。

然而,细观上述张之洞的说法,按其前后文脉看,其所谓

---

① 《劝学篇》卷上内篇《同心第一》,《张之洞全集》第12册,第9708页。

"政教相维"显然偏重在泯除政教二元的对立,与"以君兼师""以教为政"的传统保持一致,在此意义上,这是偏向于政教一元论下的"依赖"说,而不同于政教二元论下的"依赖"说。有学者认为张之洞的"政教相维"说不同于"合一"说也不同于"分离"说,而是类似于"政教关系"第三种形态的"依赖"说①。

不过,在时人的眼里可不一样,例如在极端保守派叶德辉(1864—1927)对《劝学篇》的评价中,就指出:"君主兴则孔教昌,民主兴则耶教盛。……独忠君为孔教特立之义,西教不及知也。"②这是说,"君主"与"孔教"正可谓是命运共同体,两者不可偏废,这句话出自保守派而非革命派之口,值得深思。这一思想现象似可说明,西学的那套政治学说在 19 世纪末的晚清已经风靡天下。当然,就叶德辉的根本立场看,他仍然认为西方那套耶教思想是站在君主制的对立面——"民主"的基础上才得以成立,这与以"忠君"为前提的"孔教特立之义"是无法比拟的。这显然是将宗教权威等同于君主权威,属于政教合一的思想主张则无可疑。有趣的是,叶德辉对康有为的孔教运动也鄙夷不屑,认为孔教主张无非是巧言乱政,而所谓孔教之实质也无非是模仿西方耶教而已,他指出:"康有为隐以改复原教之路得自命,欲删除六经而先作《伪经考》,欲搅乱朝政而又作《改制考》,其貌则孔也,其心则夷也。"③

---

① 林存光:《儒家式政治文明及其现代转向》,北京:中国政法大学出版社,2006 年,第 113 页。

② 叶德辉:《叶吏部与俞恪士观察书》,载苏舆著、胡如虹编:《苏舆集》,长沙:湖南人民出版社,2008 年,第 201 页。

③ 叶德辉:《叶吏部答皮孝廉书》,载苏舆著、胡如虹编:《苏舆集》,第 190 页。

若就张之洞的立场来看，其政教观应当属于君师政教一元论下的依赖形态[1]。问题是，时近清季，在西潮的刺激下，不少人觉得中国传统的"政法礼教"两个方面都已经到了不得不大动手术的时候了。例如同情维新派的宋恕（1862—1910）对于时人"盲贬唐虞三代"的政教传统就有严厉批评：

> 今我国之政法礼教风俗大都起于元、明以后，于宋前且绝少相涉，何况唐虞、三代！谈新者多盲贬，宜禁其于会所妄演。[2]

事实上，近代最早针对中国传统"政教"展开猛烈批判的乃是谭嗣同（1865—1898），而他的激进主义思想很可能在当时是最为接近西学的观念，他主张用孔教来治理"地球"："孔教何尝不可遍治地球哉？然教则是，而所以行其教者则非也。"他认识到宗教在西方具有相当重要的作用："无论何等教，无不严事其教主，俾定于一尊，而牢笼万有。……道德所以一，风俗所以同也。"至于中国的情况则完全不同："府厅州县虽立孔子庙，惟官中学中人，乃得祀之。"[3]意谓中国传统的孔教缺乏普遍性。仅此一点，中学已远不及西学。

他在《仁学》一书中，更是屡提"政教"，强调指出"教主"

---

① 黄进兴指出元代曹元用（1268—1330）的一段话可为"政教相维"说提供一个注脚："孔子之教，非帝王之政不能及远；帝王之政，非孔子之教不能善俗。教不能及远，无损于道；政不能善俗，必危其国。"〔孔贞丛：《阙里志》卷十，明万历年间刊本，第40页下。元文帝天历二年（1329）《遣官祭阙里庙碑》。转引自黄进兴：《从理学到伦理学——清末民初道德意识的转化》下篇第1章"研究儒教的反思"，台北：允晨文化实业股份有限公司，2013年，第246页〕

② 宋恕：《代拟瑞安演说会章程》（1902年12月），胡珠生编：《宋恕集》，北京：中华书局，1993年，第353—354页。

③ 以上见谭嗣同：《仁学》，《谭嗣同全集》（增订本），北京：中华书局，1981年，第352—353页。

与“君主”的“大一统”理想状态唯有从“据乱世”经“升平世”直至“太平世”逆转上遂才有望实现,即“地球群教,将同奉一教主;地球群国,将同奉一君主,于时为大一统”[①]。这就是谭嗣同所设想的也是他梦寐以求的所谓理想国:“天下无国”,也就是“政教合一”的终极理想。然而,秦汉以来两千年的中国社会的现实是:“三代之法”“周孔之法”,“自秦时即已荡然无存”,故他断定:“二千年来之政,秦政也,皆大盗也;二千年来之学,荀学也,皆乡愿也。”[②]这句话后来不胫而走,竟为20世纪初启蒙运动中的全面反传统埋下了伏笔[③]。不用说,谭嗣同上述观点的思想资源就是今文公羊学。

同样是晚清著名的公羊学家苏舆(1874—1914),其立场更趋极端保守,与谭嗣同完全不同,他明确主张最为理想的政治状态就是“政教合一”。他在重新诠释董仲舒《春秋繁露》之际,充分发挥了自己的历史想象,认为董氏的思想宗旨就在于扳回“春秋以来,王教废坠”的局面而重归“政教合一”的传统,他说:

> 自春秋以来,王教废坠,在下之君子起而明之,而其力常微。董生归教化之责于王,欲**政教合一**,而其化易行矣。[④]

---

① 以上见谭嗣同:《仁学》,《谭嗣同全集》(增订本),北京:中华书局,1981年,第370页。

② 谭嗣同:《兴算学议·上欧阳中鹄书》,同上书,第160—161页;《仁学》,同上书,第337页。

③ 参见罗志田:《中国传统的负面整体化:清季民初反传统倾向的演变》,载氏著:《权势转移:近代中国的思想与社会》(修订版),北京:北京师范大学出版社,2014年,第186—187页。

④ 苏舆:《春秋繁露义证》卷十,北京:中华书局,1992年,第302页。

依其上下文，此“教”盖指“教化”而非“宗教”，故所谓“政教合一”显然不是西学意义上的“政教合一”，同样也不是董仲舒思想的旨趣所在，而是苏舆根据公羊学的立场而得出的一种诠释结论。

尽管“政教”问题在中国历史上源远流长，但是正如本书开头所言，“政教”之成为时代课题，则发端于近代中国，是19世纪末近代中国知识人在面临西方文化强势冲击下，“政教”问题始成为他们心头无法绕过的议题。在此过程中，康有为(亦含梁启超)对“政教”问题的思考，值得引起我们的关注。因为在人们的印象中，康氏的孔教运动无非是主张政治威严主义的政教高度合一，而倡议孔教的思想实质就在于主张文化专制主义，恰与新生的现代民族国家形态的“共和”体制背道而驰；若就康有为的个人言行看，过于乖张的高谈阔论也给人以一种印象，似乎关于“孔教”的发言权可以被他个人所垄断。例如康有为曾坦诚他有一段时期想当“教主”：“吾少尝欲自为教主矣”，只是他后来意识到孔教乃是全球公理之学，所以还是奉孔子为“大地教主”为宜[①]。

然而事实上，康有为在政教问题上并不采用“政教合一”之说，他坚持的毋宁是“政教分离，信仰自由”这一源自近代西方政治学的说法，尽管在大多数场合，康的这个说法只是一种策略性的宣示，而其对“政教分离”的解释也并不清晰。故在西学造诣颇深的王国维看来，康有为、谭嗣同等维新派“于学术非有固有之兴味，不过以之为政治上之手段”，痛斥

① 《参政院提议立国之精神议书后》(1914年)，载《康有为全集》第10集，北京：中国人民大学出版社，2007年，第206页。

那些维新派以学术“为政论之手段”的风气[1],这是王国维在1905年所披露的其对维新派的一个观察,可谓一针见血。

2. “政教分离”名义下的孔教重建

那么,康有为究竟有哪些“政论”来应对当时中国所遭遇的危难时局呢?无疑地,自戊戌变法以来,康氏提出了一系列“政论”的构想,而其中最为重要且关键的就是有关重建“孔教”的思想,在这一思想构造当中,必然遇到如何解决“政教”关系的问题,而这才是本书所关注的核心问题。

我们知道,1911年康氏的女婿及门徒麦仲华编辑整理的《戊戌奏稿》在日本出版,约经半个世纪之后,被研究证明,其中所收的大部分奏折并非戊戌年的原作,而是后来的“另作”或“改写”,特别是其中著名的《请尊孔圣为国教立教部教会以孔子纪年而废淫祀折》(通称《国教折》)其实是根据后来发现的档案资料《杰士上书汇录》所收的一篇奏折改写的,这篇奏折的题名很长:《请商定教案法律,厘正科举文体,听天下乡邑增设文庙,谨写〈孔子改制考〉,进呈御览,以尊圣师而保大教绝祸萌折》(通称《保教折》)。最早怀疑《戊戌奏稿》为“伪”者,是台湾学者黄彰健[2]。后在80年代初,由于故宫档案馆收藏的奏折原件《杰士上书汇录》被发现,《戊戌奏稿》为后来改作遂成铁案。特别是其中的《国教折》便是《杰士上书汇录》所收的《保教折》的改作。由于两篇文字完全不同,故黄彰健认定《戊戌奏稿》为“伪作”,而黄明同等学者则认为是

① 王国维:《论近年之学术界》,载《王国维文集》第3卷,北京:中国文史出版社,1997年,第37、39页。

② 黄彰健:《康有为〈戊戌奏稿〉辨伪》,载氏著:《戊戌变法史研究》,台北:历史语言研究所,1970年,第555—557页。

"改写"①,孔吉祥则以"增饰"一词来为此《折》定性,茅海建认为是"作伪的另作"②,可谓众说纷纭。茅海建推测此《折》大致作于宣统年间,而唐文明根据诸多文献的内证,推测大致作于1904年或稍后③。今姑从之。

另据《康南海自编年谱》戊戌五月一日条的记载:"凡有教案,归教会中按照议定之教律商办,国家不与闻,以免各国借国力要挟。"披露了康氏撰写此《折》的一个重要背景:即戊戌一月山东胶州湾发生德国士兵毁坏即墨孔庙而引发全国抗议骚动的事件。为防今后此类事件再次发生,康氏建议政府应尽快制定"教会",再由教会制定"教律",今后若有教案发生,就有法可据,而不必由国家(政府)出面干涉,由此可避免外国势力常以各地教案为由,动辄向清廷发难。康的这个设想,在后来改作的《保教折》中具体表述为"**政教各立,双轮并驰**"这一观点(详见后述)。

在康有为看来,外国势力借教案向清廷追责的理由就在于他们总以为教案背后存在政府的支持,也就是说,教案的发生完全是由于中国政府仍在推行"政教一体"的缘故。因此,为从根本上防止外国势力借教案生事,康认为唯有通过"教会""教律"来独自处理,作为国家权力机构的清廷政府不宜再在教案事件中充当责任角色,这就是上引《自编年谱》所谓"国家不与闻"的真意所在。但是,为了做到这一点,有必

---

① 黄明同等主编:《康有为早期遗稿述评》,广州:中山大学出版社,1988年,第186页。

② 分别参见孔吉祥:《康有为变法奏章辑考》,北京:北京图书馆出版社,2008年,第261页;茅海建:《从甲午到戊戌:康有为〈我史〉鉴注》,北京:三联书店,2009年,第452页。

③ 唐文明:《敷教在宽:康有为孔教思想申论》,北京:中国人民大学出版社,2012年,第151页。

要向外国学习，建立“政教分离”的政治原则，由此才能使“政教”两不相害而收“以相救助”的效果。那么，如何立“教会”、定“教律”呢？《保教折》建议：

> 查泰西传教，皆有教会，创自嘉庆元年，今遂遍于大地。今其来这，皆其会中人派遣而来，并非其国所派，但其国家任其保护耳。……今若定教律，必先去其国力，乃可免其要挟，莫若直与其教会交，吾亦设一教会以当之，与为交涉，与定合约，与定教律。

具体的组织结构及其操作办法是：

> 若皇上通变酌时，令**衍圣公**开教会，自王公士庶，有士负荷者，皆听入会，而以**衍圣公**为总理，听会中士庶公举学行最高(者)为督办，稍次者多人为会办，各省府县，皆听其推举学行之士为分办，籍其名于**衍圣公**。**衍圣公**上之朝，人士既众，集款自厚。听**衍圣公**与会中办事人，选举学术精深，通达中外之士为委员，令彼教总监督委选人员，同立两教和约，同定两教法律。……教皇无兵无舰，易与交涉，宜由**衍圣公**派人驻扎彼国，直与其教皇定约、定律，尤宜措词。教律既定，从此教案皆有定式。……①

简单地说，康氏设想经“皇上”指定，由孔子后裔“衍圣公”出任“总理”，下层机构由地方精英组成，再由衍圣公委派人员与外国教皇直接交涉，共同制定两教“和约”及“教律”，从此之后，便不会再有教案骚扰国政之忧了。这是一个十分美妙

---

① 《杰士上书汇录》所收，载黄明同等主编：《康有为早期遗稿述评》，第289页。

而诱人的计划，其中的关键处在于：为实现中国与外国的两教签订"合约"，首先须在中国建立"教会"，以便与外国教会能坐到一张谈判桌上来，而这个中国"教会"则非"孔教会"莫属。尽管这项设想在戊戌当年并未实现，这要等到 1912 年年底才最终实现，但也好景不长。

然而不得不说，"衍圣公"的身份有点特别，由其与"总理各国事务衙门"一起"会同"商议各种外交事务，是否可行，也颇值得怀疑[①]。按康氏的本意，意在"以教制教"，但这不过是其一厢情愿，他对西方教会的历史也好像缺乏了解。例如同情变法的保守派人士陈宝箴(1831—1900)敏感地意识到康有为以保教为名以行乱政之实，必将危及朝廷，他指出康有为欲模仿西教，却不知周秦以来政教已经"分途"：

> 逮康有为当海禁大开之时，见欧洲各国尊敬教皇、执持国政，以为外国强盛之效，实由于此，而中国自周秦以来**政教分途**。……是以愤懑郁积，援素王之号，执以元统天之说，推崇孔子为教主，欲与天主耶稣比权量力，以开民智，**行其政教**。[②]

陈宝箴的这份奏折与康有为所上的《保教折》几乎同时，康《折》在五月一日，陈《折》当在其后不久。这里出现的"政教分途"说，是对康有为孔教思想的一个重要批评。如前所述，在康有为《保教折》这份原作中，已有"政教各立"说，后来改作的《国教折》则作"政教分途"。康有为或许受到熟悉洋

---

① 茅海建批评此设想方案"亦近同于说梦"(《从甲午到戊戌：康有为〈我史〉鉴注》，第 446 页)。

② 陈宝箴：《奏请厘正学术造就人才折》，翦伯赞等编：《戊戌变法》第 2 册，上海：上海人民出版社，1953 年，第 385—389 页。

务的陈宝箴等人之批评的刺激,或许是流亡海外后通过对西方政体的直接观感,使他意识到在重建孔教过程中,有必要汲取近代西方"政教分离"的经验才能有效推进孔教运动。可见,在孔教运动中,"政教关系"始终是一个敏感的问题,贯穿整个运动过程中。

我们再来看康有为有关重建孔教的具体提议。其实,在康氏的孔教设想中,衍圣公或许只是虚名,真正掌握实权者是由"公举学行最高(者)为督办",而此"学行最高"者,则恐怕康有为设想的正是自己。顺便一提,在后来改写的《国教折》(见《戊戌奏稿》)中,全然不见"衍圣公"一说,值得注意[①]。重要的是,这部改写的《国教折》倒可能真实地反映了后来康有为的有关重建儒教中国的想法,即将儒教重建置于"治教分离"的制度框架内,这可能是康氏后来才意识到的孔教新构想(而不是戊戌时期康氏所提出的)[②]。

通过对原折《保教折》与改作的《国教折》的比较考察,可以看出,原折中并没有出现"治教分途""信教自由"等说,而在改作的《国教折》中,康氏根据公羊学的"三世说",通过对中国政教史的考察,强调有必要由乱世的"治教合一"转向近世的"治教分途"。他说:

> 夫孔子之道,博大普遍,兼该人神,**包罗治教**,固为

---

① 其实,康有为晚年仍未改变这一想法,如1911年12月《共和政体论》中,他设想的虚君共和制是:"夫立宪君主,既专为弹压不争乱而立,非待其治世也,诚合乎**奉土木偶为神之义**,则莫如公立孔氏之**衍圣公**矣。"(《康有为全集》第9集,北京:中国人民大学出版社,2007年,第248页)认为君主立宪当配以"土木偶为神"的宗教力量,而此宗教力量的象征性人物则非"衍圣公"莫属。

② 张广生认为,《国教折》的儒教新构想反映了康有为思考中国政教文明回应西方挑战的整体思路。参见氏著:《返本开新:近世今文经与儒家政教》,北京:中国政法大学出版社,2016年,第186页。

> 至矣。然因立君臣夫妇之义,则婚宦无殊;通饮食衣服之常,则齐民无异。因此之故,**治教合一**。奉其教者,不为僧道,只为人民。在昔一统闭关之世也,立义甚高,厉行甚严,固至美也。若在今世,列国纵横,古今异宜,亦少有不必尽行者。其条颇多,举其大者,盖孔子立**天下义**,立**宗族义**,而今则纯为**国民义**;此则礼规不能无少异,所谓时也。……故今莫若**治教分途**,则实政无碍而人心有补焉。[①]

本来,孔教具有“兼该人神,包罗治教”的普遍性,是“治教合一”的,是为“天下”“宗族”而立的,时至今日,由于“国民义”新出,故不得不改变“礼规”,基于此,康氏建议“故今莫若**治教分途**,则实政无碍而人心有补焉”。进而主张:

> **政教各立,双轮并驰**,既并行而不悖,亦相反而相成。国势可张,圣教日盛,其于敬教劝学,匡谬正俗,岂少补哉?[②]

那么,如何具体实施“治教分途”呢?康氏的建议却有点特殊,首先他强调“夫举中国人皆孔教也”,因此:

> 将欲令**治教分途**,莫如专职业以保守之,令官立教部,而地方立教会焉。首宜定制,令举国罢弃淫祀,自京师城野省府县乡,皆独立孔子庙,以孔子配天,听人民男女,皆祀谒之,释菜奉花,必默诵圣经。所在乡市,皆立孔教会,公举士人通六经四书者为讲生,以七日休息,宣

---

① 《康有为全集》第4集,北京:中国人民大学出版社,2007年,第98页。
② 《康有为全集》第4集,第98页。

讲圣经，男女皆听。……[①]

原来，康氏所谓的"治教分途"的设想，只是借用近代西方国家的"政教分离"说，目的在于为官方设立"教部"以及地方设立"教会"开方便法门，说穿了，也就是为了在全国各地让"孔教会"得以遍地开花，所以不妨借用"治教分途"一说来杜绝朝廷干涉地方教会之口。

无疑，在康有为，国家重建须先解决政教问题，通过政教分离的方式，从地方着手，在"乡市"一级"皆立孔教会"，并让略通四书五经者作为"讲生"来宣讲儒教"圣经"，对象遍及所有男女，还可模仿西方习惯，周日休息，如此在全国造成广泛效应之后，就能迫使官方不得不承认孔教为事实上的"国教"。也就是说，为实现立孔教为国教，故有必要讲政教分离，而不是为了实现政教分离，故有必要立孔教为国教。这才是康氏所言"治教分途"的奥秘所在，也正是《国教折》的核心思想。

按照唐文明的考察，《国教折》"政教各立，双轮并驰"的核心思想直至辛亥以后力推孔教运动，康有为的立场基本一致而没有什么变化，仍然是后期康有为的"核心思想"[②]。但是其关注的问题重点则显然是有变化的，由关注孔教的教育问题转而关注立宪与共和的体制建设问题，这方面的思想主要体现在1912年五六月间写成的《中华救国论》，其中，康有为复申《国教折》的"政教分离"主张：

今则列国竞争，政党为政，法律为师，虽谓道德宜尊，而政党必尚机权，且争势利，法律必至诈伪，且无耻

① 《康有为全集》第4集，第98页。
② 唐文明：《敷教在宽——康有为孔教思想申论》，第168页。

> 心，盖与道德至反。夫政治法律，必因时地而行方制，其视教也诚，稍迂阔而不协时宜，若强从教，则国利或失。故各国皆妙用**政教之分离，双轮并驰，以相救助**。俾言教者极其迂阔之论以养人心，言政者权其时势之宜以争国利，两不相碍而两不相失焉。今吾国亦宜行**政教分离**之时矣！[①]

显然，康氏意识到“政教分离”“信教自由”已是世界各国的大势所趋，倘若政教不分，则使“政”不能成为与列国竞争的现代政治体制，而“教”也不会获取人们的真正信仰，故政教分途便不失为现代转化之方便法门；而他预设“政教分离”的逻辑是，因“各国皆妙用”，故“吾国亦宜行”。表明这是一种策略性的措施，是为了应对当今的世界大势。

1912年10月在《孔教会序二》中，康有为又再一次重申：

> 政治、教化之与物质，如鼎之足峙而并立；教化之与政治，如车之双轮而并驰，缺一不可者也。或者以法革命之废教也，岂知法废旧教而已，而尊天与基督无异也。万国自小蛮夷，莫不有教。嗟乎！天下岂有无教而可为国者哉？[②]

在此，一方面，康氏用“教化”替代“宗教”，表明这是在中国语境中的一个概念而不同于西方宗教；另一方面，他又以法

① 《康有为全集》第9集，第327页。

② 《康有为全集》第9集，第343页。按，《孔教会序二》(1912年10月7日)原载《孔教会杂志》第1卷第2号，又载《不忍》杂志第1册，1913年2月。《孔教会杂志》第1卷第2号收录两篇康有为的《孔教会序》，据陈焕章附志：“当孔教会发起时，以南海康先生为孔教巨子，特函请其作序，先生许之。既以其第一篇序言赐寄矣，焕章冒昧，妄嫌其简短，再请其更作一篇，先生又许之，以其第二篇赐寄。”(汤志钧编：《康有为政论集》下册，北京：中华书局，1981年，第734页)

国革命为例，指出法国革命废除的是“旧教”而并没有废除“基督”宗教的信仰，世界各国不论大小，各自“有教”，国家“无教”便无以为“国”。据此可见，其所谓“教”实是一种广义上的“宗教”，概指所有国家的“宗教”，同时又是特指中国传统的儒教。他相信宗教一定是普遍的，没有什么特殊的民族宗教，孔子之所以能成为“大地教主”，就是因为儒教是普遍宗教，在这个意义上，康有为是一个普遍主义者。宗教史上的所谓制度宗教与原始宗教之别，在康有为这儿并不构成什么问题。

可是，将“教化”与“宗教”做模糊化的表述处理，却不能掩盖其所谓“教化”之实质仍是“孔教”，而且根据孔教会的一套组织设想，既有儒教教义、传教系统，更有具体的读经规定等一套措施。尽管康氏在语言措辞上有些微妙的调整，但其孔教思想经戊戌变法失败直到辛亥共和之际，却显得日益成熟而且变得更为立场坚定。事实上，也的确获得到了一定的成功，1912 年 12 月底孔教会获得民国政府的正式批准之后，很快康有为就被推选为孔教会总会长，并得到了袁世凯的大力支援，发布了《学校祀孔令》，一切显得出师告捷。次年 9 月在曲阜召开的全国性孔教大会上，康氏被一致推举为会长。只是先后两次的立宪运动惨遭失败，特别是 1917 年的张勋复辟而孔教会人员在暗中支持的事件发生为标志，终使孔教运动不得不落下了帷幕。

要之，就孔教运动的实质而言，正如学者所指出的：“在制度和仪式的层次，孔教的构想除了部分源于传统的祭孔和祭天之外，其他几乎完全仿自基督教。”[①]这是说，“孔教”无非

---

① 黄克武：《民国初年孔教问题之争论（1912—1917）》，载氏著：《近代中国的思潮与人物》，北京：九州出版社，2013 年，第 309 页。

是对外国宗教的模仿而已。

3. “信教自由”是中国文化的“传统”

一般认为，在近代西方的立国原则中，“政教分离”与“信教自由”是互相配套的，严格来说，政教分离的必要性就体现为信教自由，正是为了确保国民信仰的“自由”，所以国家权力不能涉入“宗教”，而必须让各种宗教回归其本位，让民众自由选择，以使民众的心灵抚慰、精神需求得到真正保障。这才是在建构民族国家过程中必须实行“政教分离”的根本理由。对此，康有为当然是心知肚明的，他在《国教折》当中，就明确指出：“信仰自由，为宪法大义，万无禁理。”[①]

直至1912年撰述《中华救国论》之际，他更是深知“政教分离”与“信仰自由”已是西方各国普遍实行的宪政制度，故为了顺应时势，也须强调“尊孔教”并不与“信教自由”相悖，而且“信教自由”的观念原是由来甚久的中国优秀传统，他说：

> 故以他教为国教，势不能不严定**信教自由**之法。若中国以儒为国教，二千年矣，听佛、道、回并行其中，实行**信教自由**久矣。然则尊孔子教，与**信教自由何**碍焉？[②]

而且，康有为从《尚书・舜典》“敬敷五教在宽”的记录当中拈出“敷教在宽”一词，用以概括孔教之特质，旨在表明孔教传统具有兼容并蓄“他教”的宽大胸怀，他指出：

> 盖孔子之道，**敷教在宽**，故能兼容他教而无碍，不似

① 《康有为全集》第4集，第97页。
② 康有为：《中华救国论》，《康有为全集》第9集，第327页。

> 他教必定一尊，不能不党同而伐异也。故以他教为国教，势不能不严定**信教自由**之法。若中国以儒为国教，二千年矣，听佛、道、回并行其中，实行**信教自由**久矣。然则尊孔子教，与**信教自由**何碍焉?[1]

在稍后所作的《孔教会序一》(1912年10月前)一文中，他强调中国自古以来就一直有“集会言论出版皆自由”的传统，“及好释、道之说者，皆听其信教自由”[2]。而在稍后的《孔教会序二》(1912年10月7日)一文中，康氏阐述得更为具体：

> 汉时学校，已遍全国，人民皆得入学，工商惟人民所习，无限制，聚会、著书、言论皆自由。孔子**敷教在宽**，其有从佛道者皆听。[3]

在康氏看来，汉代学校制度已经成熟，自此以往，“信教自由”更是已经涵盖“聚会、著书、言论”(即相当于“集会、言论、出版”)三大方面。显然，这里所说的“自由”，原是近代西方的基本宪法精神，将此纳入“信教自由”的范围，并不是康氏的独特想象。

及至民国初建，康有为在构想其孔教会的蓝图之际，再次强调“信教自由”乃是中国的优秀传统，而西方为了争得“信教自由”的权利，发生了无数次残酷的宗教战争，而中国欲重建孔教就必须遵从两条原则：一是信教自由原则，一是孔教必须国教化，他指出：

---

① 康有为:《中华救国论》,《康有为全集》第9集,第327页。
② 汤志钧编:《康有为政论集》下册,第732页。
③ 同上书,第737页。

> 凡今各国，虽**信教自由**，而必有其**国教独尊**焉。……盖信教自由者，宽大以听人民之好尚，特立国教者，独尊以明民俗之相宜。义各有为，不相蒙，亦不相累也。佛教入于汉、晋，回教行于隋、唐，吾为信教自由，行之二千年矣。彼德国之争信教自由也，三十年之教争，死人民千八百万，而英、法之焚烧新教，亦以数十万计，然后争得信教自由四字，故矜为广大，写之宪法。岂若我行之二千年从容无事乎？盖孔子之道，本于无我，敷教在宽，而听人之信仰，信佛信回，各听人民之志意。……故信教自由与特尊国教，两不相妨而各自有益，正与南美、班、奥、丹、瑞、英、德、俄、波、暹、希、布、罗、塞同矣。……吾国宪法，宜用丹、班之制，以一条为**信教自由**，以一条**立孔教为国教**，庶几人心有归，风俗有向，道德有定，教化有准，然后政治乃可次第而措施也。[1]

康有为指出，历史上各国的政教关系不是单一的，有许多不同体制的国家，都没有实行信教自由的原则，例如君主立宪制的意大利、瑞典、挪威，共和制国家中的智利、阿根廷。而康氏认为确立国教则是普遍现象，无论君主立宪制还是共和制，也无论是否允许信教自由，西方国家绝大多数都以自己的国教为尊。重要的是，"信教自由"必与"独尊国教"相配套，才有可能。至于中国则已经推行信教自由达两千年之久，所以今天能够重建国教更是得益于这一传统。

不过，在康氏的陈述中，他似乎只是停留在历史陈述的层面，而没有上升到理论的高度。即他并没有明确告诉我

① 康有为：《以孔教为国家配天议》（1912 年 4 月），《康有为全集》第 10 集，北京：中国人民大学出版社，2007 年，第 93—94 页。

们，上面他所列举的“聚会、著书、言论”等基本自由在共和政体的建构当中具有何种理论意义；倘若回到共和之前的君主旧体制，那么，这种言论自由、信仰自由等基本的民主人权能否得到保证？而历史上的“敷教在宽”如何与现代的“信仰自由”的价值观在理论上得以衔接？“独尊国教”又如何与“信教自由”不相背离？对于此类问题，康有为似乎并没有做好认真回答的思想准备。

以至于后人难以拂去一种印象：孔教主张就是复辟帝制，孔教与专制原是一丘之貉。孔教论者在表面上也唱些“政教分离”“信仰自由”的高调，但在骨子里却在时时想着回到过去，所谓的“信仰自由”根本就不是孔教会的“信仰”。的确，1912 年 10 月 7 日孔教会成立之后，1913 年 8 月在向国会提交《请愿书》之际，一方面明确要求“于宪法上明定孔教为国教”，并称“孔子为国教教主”；另一方面，为了消解他人的疑虑，甚至声称：“吾国自古奉孔教为国教，亦自古许人信教自由，二者皆不成文之宪法，行之数千年，何尝抵触乎？”但是，其中不仅只字不提“政教分离”，反而指“信教自由”为“消极政策”，“立国教者”才是真正的“积极政策”①。由此可见，《请愿书》所代表的孔教会的护教主义立场变得更为强硬和保守，反使“信教自由”原则变成了一纸空文而已。

4. “宗教”翻译：孔教是“人道教”

行文至此，似有必要了解一下康氏所谓的“教”究竟是孔教之“教”还是西教之“教”。其实早在戊戌变法前，康有为就

① 中国社会科学院近代史研究所编：《孔教会资料》，北京：中华书局，1974 年，第 33—34 页。

开始关注西学,甲午之后更是“大搜日本群书”,1896 年始撰《日本书目志》,至次年完成,其中就专门辟有“宗教门”一类,在收罗的各种宗教书目中有一本值得注意,即 1884 年日本出版的《改订增补哲学字汇》(井上哲次郎等著)①,其中正式以“宗教”译 religion。在此之前,1862 年出版的《英和对译袖珍辞书》(作者堀达之助)则将宗教译作“宗旨、神教”。取意于日本佛教各派“宗门”的“宗旨”,以及日本传统的神道教。明治初年,关于 religion 一词的翻译出现了各种译名,如法教、教法、教门、神道、教道、神教,等等。最终在井上哲次郎编订的上述《哲学字汇》中才终于被定格为“宗教”②。

康有为在 1912 年的《孔教会序二》中(内容多采自此前的《中华救国论》),对“宗教”概念进行了梳理,对日本的译名表示了不满,并提出了他自己对厘离近(religion)的独到理解:

> 今人之称宗教者,名从日本,而日本译自英文之厘离近(religion)耳。在日人习用二字,故以佛教诸宗,加叠成词,其意实曰神教云尔。然厘离近之义,实不能以神教尽之,但久为耶教形式所囿,几若非神无教云尔。然教而加宗,义已不妥,若因佛、回、耶皆言神道,而谓为神教可也,遂以孔子不言神道,即不得为教,则知二五而不知十者也。③

---

① 参见曾传辉:《宗教概念之迻译与格义》,载《世界宗教研究》2015 年第 5 期。

② 小岛毅指出,最早译成“宗教”的案例,见 1868 年美国公使向日本政府提交的抗议函的日文译本。参见〔日〕小岛毅:《“儒教”与“儒学”涵义异同重探——新儒家的观察》,载刘述先编:《儒家思想在现代东亚:中国大陆与台湾篇》,台北:中国文哲研究所,2001 年,第 200—211 页。

③《康有为全集》第 9 集,第 345—346 页。

这里提到日人译语“以佛教诸宗，加叠成词”，就是上面提到的日本最早的“英日辞典”《英和对译袖珍辞书》，其译宗教为“宗旨、神教”。然我们不能确定康有为是否读过此书。只是在康氏的理解中，“宗教”源自佛教的“宗之教”，这显然以佛教即神教来理解 religion。

其实，“宗教”问题至少在明末随着天主教传入中国，就开始发生争议。在 19 世纪中叶，美国传教士卫三畏(1812—1884)在 1848 年出版的《中国总论》中指出：“中国没有通常意义上的‘宗教’一词。”[①]这里的“宗教”显然是指西学意义上的宗教，由于该书用英文写作，故在中国学界并无任何影响。直到 19 世纪末叶，随着日本的“宗教”译词传入中国，于是，引起了人们的广泛注意和讨论[②]。康有为觉得与其采用日人“加叠成词”的译法，不如单以“教”字翻译为佳，既可与中国固有的佛教避免混同，更主要的是在他看来，作为宗教之“教”不应只是西人的专利，而应当具有普遍性，故说：“夫教为天下，不为一国而设。”[③]孔教亦属宗教之教，可与佛、回、耶等神道之教并列。

对康有为而言，他也深知“宗教”一词的翻译问题涉及对宗教本质的理解，而“宗教”不能是西学独占的话语，应当具有普世性。因此，为了与西学话语进行抗争，跳出西学的笼罩，就有必要尽量将宗教做广义上的解释，扩大“宗教”的含义，不能将宗教理解为狭隘的“欧土之教”的“耶教”或仅限于

---

① 〔美〕卫三畏：《中国总论》，陈俱译，陈绛校，上海：上海古籍出版社，2005 年，第 717 页。

② 参见陈熙远：《宗教——近代中国文化史上的一个关键词》，载《新史学》(台湾)2002 年第 12 期。

③ 《康有为全集》第 9 集，第 346 页。

"神道"观念来为宗教"定名"。他在1904年撰述的一篇文章中已经清楚地意识到这一点，他指出：

> 厘利尽(religion)者，谓凡能树立一义，能倡徒众者之意。然则与中国所谓"教"别无殊异，所含广大。
>
> 厘利尽亦应为一切诸教之广义，而不能仅为神道之专词矣。[1]

可见，康有为坚持将religion译作"教"这一翻译策略的背后存在一个重要的思想企图，亦即通过对religion的一番抽象化，以使中国的"教"也能容纳其中，而不能只是西教(如"神道")的专名。如此一来，中国虽无religion之名而有religion之实。

不过，康有为又从历史进化论的立场出发，来区分"人道"与"神道"两教之不同，他说：

> 太古草昧尚鬼，则神教为尊；近世文明重人，则人道为重。**故人道之教，实从神教而更进焉**。要无论神道人道，而其为教则一也。譬如君主有立宪专制之异，神道之教主独尊，如专制之君主焉；人道之教主不尊，如立宪之君主焉。不能谓专制之君主为君主，立宪之君主为非君主也。然则谓言神道者为教，谓言人道者非教，谓佛、耶、回为教，谓孔子非教，岂不大妄哉？[2]

康有为认为"教"有两种："神道"教与"人道"教。就历史言，太古尚鬼神，故以"神道"为教；近世重人道，故以"人道"为

---

① 康有为：《英国监布烈住大学华文总教习斋路士会见记》，《康有为全集》第8集，北京：中国人民大学出版社，2007年，第34页。

② 《康有为全集》第9集，第346页。

教。这一历史描述显然具有进化论色彩的价值判断：近世的人道教比上古的神道教更显进步。然同为“教”则无疑义。比如，神道教尚“专制君主”，人道教尚“立宪君主”，看似不同，然其实质都是“君主”下的制度。“教”就好比“君主”，在此之前无论冠上什么名称，万变不离其宗。由此推论，所以说孔教也必然是“教”，只是不同于神道教的人道教，完全可以与佛教、耶教、回教并列。这应当就是康氏对孔教的一项基本定义。

那么，何谓“人道”呢？康氏另有一些特殊的说法，按照他的说法，孔子之道就是“人道”，其具体内容有五，其中的“正道”有三，即据乱、升平、太平之“正道”，他说：

> 人道有正道，文明、平等、自立、仁心、公理，正道也，皆拨乱之法。但正道有三：有据乱之正，有升平之正，有太平之正，各视其时所当世而与之推迁。[①]

可见，在康有为的理解中，作为孔子之教的“人道”已经具备诸多现代性因素，其中包含了“文明”“平等”等现代价值，同时也具有“仁心”“公理”等传统儒家的普遍主义观点。重要的是，公羊“三世”说（据乱、升平、太平）分别体现了人道教的“正道”，尽管“三世”会发生推移变迁，然其作为“正道”，则可成为世界性的具有普遍义的“公理”。而此所谓“公理”，按康的解释，即《礼记·礼运》“天下为公”的观念，所以说：“故只有天下为公，一切皆本公理而已。”[②]值得注意的是，康

---

① 康有为：《春秋笔削大义微言考》，载《康有为全集》第6集，北京：中国人民大学出版社，2007年，第310页。

② 康有为：《礼运注》，《康有为全集》第5集，北京：中国人民大学出版社，2007年，第555页。

有为的得意之作《大同书》原本名曰《人类公理》[①]，这表明在康氏思想中，始终拥有一种为人类普遍立法的情怀，故他非常喜用“公理”一词，不过他可能也意识到“公理”一词有点西化的味道，故他后来常用儒教传统的用词，以“大同”来命名。要之，孔教作为宗教的“人道教”具有普遍性，体现了天下之“正道”和“公理”，应当是康氏对宗教的一项基本理解，至此已经毋庸置疑了。

至于“人道教”的具体内涵，早在 1885 年康有为撰述的“少年之作”（梁启超语）[②]《教学通义》一文中，就曾明确指出：儒家的“礼教伦理”和“事物制作”构成了“人道所由立”的具体内容，其中，“礼教伦理，德行也；事物制作，道艺也。后圣所谓教，教此也；所谓学，学此也”[③]。可见，康有为视孔子儒教为“人道教”，乃是其一贯的立场，尽管在《教学通义》中还未出现“孔教”一词[④]。

但是，到了辛亥共和之后，他把西方宗教称作“神教”而称孔教为“人道教”，显然另有深意。因为从康氏的宗教进化论的立场看，显然“人道教”具有先进性。然而，康氏也意识到宗教的多义性，故其释“教”为“教化”而避言宗教，甚至将“政教分离，双轮并驰”的说法敷衍成“教化之与政治，如车之

---

① 康有为：《我史》“光绪十一年(1885)二月”条。转引自茅海建：《从甲午到戊戌：康有为〈我史〉鉴注》，北京：三联书店，2009 年。

② 梁启超：《康南海先生传》第 6 章“宗教家之康南海”，《饮冰室合集·文集》六，1936 年原版，北京：中华书局，2015 年，第 69 页。

③ 康有为：《康有为全集》第 1 集《教学通义》，北京：中国人民大学出版社，2007 年，第 20 页。

④ 根据唐文明的研究，康有为最早使用“孔教”一词，时在 1886 年的《康子内外篇》。见氏著：《敷教在宽：康有为孔教思想申论》，北京：中国人民大学出版社，2012 年，第 55 页。

双轮而并驰”[①],强调孔教的人道教重在“教化”,而有别于西学的神教。

由上所述,康有为在孔教运动中,一方面,宣称他在政教问题上不取孔子时代“据乱世”的“政教合一”立场,而取当代“升平世”各先进国的“政教分途,双轮并驰”的立场,而且按照康氏的说法,中国历史上向来就有儒、释、道、回并存的信仰自由传统;另一方面,他又表示“宗教”一词有“神道人道”这两种基本含义。这两种“教”有“上古草昧”时代与“近世文明”时代之别,上古“尚鬼”固然是“宗教”,孔子“重人”而建的“人道之教”亦理应是“宗教”,反映了其进化论式的宗教观。只是他对西方的制度宗教显然缺乏知识上的深入了解,其所言“人道教”也缺乏进一步的内涵阐释,故与现代新儒家如钱穆(1895—1990)、牟宗三所说的“人文教”不可相提并论。例如钱穆早在1946年《灵魂与心》一文中便指出:

> 若要说东方人有宗教,宁可说是儒教而非佛教。……故若以儒家思想为一宗教,则不妨称之为人生教,或人文教,或圣贤教。[②]

牟宗三亦明确指出儒教依据普遍而超越的道德精神实体“而得以成为人文教”,并说:

> 凡道德宗教足以为一民族立国之本,必有其两面:一足以为如日常生活轨道(所谓道揆法守),二足以提撕精神,启发灵感,此即足以为创造文化之文化生命。
>
> 人文教之所以为教,落下来为日常生活之轨道,提

---

① 《孔教会序二》(1912年10月),《康有为全集》第9集,第343页。

② 钱穆:《灵魂与心》,桂林:广西师范大学出版社,2004年,第14页。

> 上去肯定一超越而普遍之道德精神实体。此实体通过祭天祭祖祭圣贤而成为一有宗教意义之“神性之实”“价值之源”。……唯此所谓宗教不是西方传统中所意谓之宗教(religion)而已。[①]

因而当代新儒家否认儒教即宗教,但同时又承认儒学具有宗教性,即具有对超越而内在的宗教性道德实体的终极关怀。只是儒家的终极关怀最终须落实为“化成人文”的人文主义而构成“日常生活之轨道”,而有别于西方的以绝对超越为特征的一神论宗教形态,它是儒家人文主义与宗教的结合形态,而与西方意义上的救赎宗教或启示宗教有根本的不同,可称之为“道德宗教”[②]。

同为新儒家的梁漱溟(1893—1988)则认为中国传统社会的基本特征有二:一者以安排伦理而组成社会;一者以设立礼教为涵养理性。因此,二者的结合导致中国人“遂无事乎宗教”,而是使人走上道德之路,故可说“中国以道德代宗教”[③]。不管我们是否同意这个见解,但这确是梁漱溟对中国传统文化(包含宗教在内)的一个洞见。

归结而言,在辛亥以后,要求政与教、政与学进行严格分离的观念已渐深入人心,问题已经不再局限于儒教是否是宗教的讨论,而更进一步涉及儒教与共和的关系等政治体制问题,例如孔教的激烈反对者陈独秀(1879—1942)便指出:

> **政教分途,已成公例**,宪法乃系法律性质,全国从

---

① 牟宗三:《人文主义与宗教》,见氏著:《生命的学问》,桂林:广西师范大学出版社,2005年,第64、65页。

② 牟宗三:《心体与性体》第1册,台北:正中书局,1973年,第6页。

③ 梁漱溟:《中国文化要义》,上海:学林出版社,1996年,第108—109页。

同,万不能涉及宗教道德,使人有出入依违之余地。

基于此,故他进而强调:

> 孔教与共和乃绝对两不相容之物,存其一必废其一。……若一方面既然承认共和国体,一方面又要保存孔教,理论上实在是不通,事实上实在是做不到。

并且竭力主张实现共和就必须推翻孔教、改革伦理,发出了"伦理的觉悟,为吾人最后觉悟之最后觉悟"[①]这句名言。另一位革命党人李大钊(1889—1927)也持相同立场,他在1922年连续撰写《非宗教者宣言》《宗教妨碍进步》[②]这两篇著名文章,断定"宗教是妨碍人类进步的东西",在当时也引起了强烈反响。

事实上,1912年2月,以民国政府教育总长蔡元培(1868—1940)发表的"忠君与共和政体不合,尊孔与信教自由相违"[③]的"官方宣言"为标志,自此以往,政教分离的观念遂成大势,最终,不论是保守派张之洞重返"政教相维"还是维新派康有为重建"国教"的主义、主张都遭到了时代的唾弃。特别是五四新文化运动之后,孔教再也无望成为国民意识的核心,甚至整个传统文化都将遭到空前的挑战。

5. 小结:孔教运动与"独尊国教"

必须指出,"政教分离"的主张与"孔教国教化"的思想不

---

① 以上分别见陈独秀:《再论孔教问题》《旧思想与国体问题》《吾人最后之觉悟》,《独秀文存》卷一,合肥:安徽人民出版社,1987年,第92、104、41页。

② 李大钊:《李大钊全集》卷四,北京:人民出版社,2009年。

③ 蔡元培:《蔡元培全集》第2卷《对于新教育之意见》,杭州:浙江教育出版社,1989年,第135页。

免互相冲突,而难以实现衔接。从文献的角度看,在康有为的原作《保教折》中并未出现而在后来的"改作"《国教折》中出现的"政教分离""信仰自由"等说,难以认定便是戊戌年康氏的真实设想,而是后来添加进去的(尽管何年添加,尚有争议)一种策略性说法。但是问题的关键并不在此,而在于孔教运动的实质究竟应当如何认定。

根据日本学者村田雄二郎的考察,康有为在戊戌时期所作的《日本政变考》的文字与原折《保教折》在思想上基本一致,重要的是,其中的设想"很可能是日本的神道国教化政策",特别是康氏主张设立"教部"作为中央机构以取代"礼部",这个想法的实质"是毫无疑问的政教一致的统治原理"而完全与"政教分离"的观点立场南辕北辙[①]。这是说康有为等孔教主义者运用自己有限的西学资源,以"政教分离"为掩饰,其思想之实质则在于推行政教合一。其中提到的"神道国教化",其结果就是近代日本的"国家神道"的形成,这一"国教化"运动始于 1868 年(庆应四年)明治政府所宣布的"祭政一致""再建神祇官"的布告[②],同时宣布"神佛分离",意味着佛教归入民众社会,而神道则归国家所有,实现了神道国教化。

然而,1871 年成立了"教部省"这一行政组织以取代"神

---

① 〔日〕村田雄二郎:《孔教与淫祠——清末庙产兴学思想的一个侧面》,载〔日〕沟口雄三、小岛毅主编:《中国的思维世界》,孙歌等译,南京:江苏人民出版社,2006 年,第 555—556 页。

② 1868 年 3 月 13 日发布的《祭政一致布告》规定:"兹者王政复古,根据神武创业之基,诸事一新,恢复祭政一致制度。在首先恢复、建立神祇官之后,亦将陆续举办各式祭奠。……普天之下,诸神社、神主、祢宜、祝、神部等,嗣后均归神祇官管辖。"(转引自〔日〕岛薗进:《国家神道与日本人》,李建华译,北京:社会科学文献出版社,2015 年,第 96 页)

祇省”,统一管理宗教事物,又对国教化有所修正。而康氏《保教折》设想的“教部”这一名称显然源自日本。如果考虑到1896年康有为便有《日本变政考》之作,详细介绍了明治元年至二十四年期间所发生的各种日本变法事件,那么,不难想象康有为对于明治初年施行的一系列政教改革应当具备一定的知识。例如《日本变政考》卷四“明治五年三月”条载:“十四日,废神祇省,置教部省。祭奠、式部、宣教等僚属教部省。”康有为在该条案语中指出:

> 臣谨案:神祇省掌祠祭之礼,无关政体,与我礼部同,真宜废者也。若夫学校贡举,乃教之事,故今宜改礼部为教部,以发明孔子之道。……定集会教徒,讲说教义,结教会之例,定两教之律,及判讼之例。庶几吾教明,而教案易办也。①

可见,康有为《保教折》的孔教设想诸如教会、教部、教律等,确与日本变法有关。只是康有为将日本新设的“教部省”理解为执掌“学校贡举”之事的机构,则显然是康氏一流的故意误读。

表面看,“教部省”的设立是为了实行政教分离,然而实质上,通过将神道等宗教置于国家权力机构的掌控之下,为后来日本帝国将神道提升为国教奠定了基础,形成了日本特色的在天皇制下的与“祭政合一”国家祭祀理念相混合的“政教合一”体制②。

总之,康氏一党的孔教论者在主观上愿意向西方以及日

---

① 《康有为全集》第4集,第152页。

② 参见〔日〕岛薗进:《国家神道与日本人》,李建华译,第10—11页。

本的政治体制、宗教制度学习，但他们或许并不清楚所谓“政教分离”的前提就是必须拒绝一切特定“宗教”作为国家意识形态，而孔教运动却欲树孔教为“国教”，因此其实质就是主张“独尊国教”，以“国教化”作为孔教运动的终极目标。然而，按照“政教分离”的宪法原则，这就必然导向“政教合一”的体制形态，其结果就不是信教自由，而是适得其反，既不能保证宗教在社会生活中的多元存在，而且还会危及人们的不同信仰，陷入独断的“排他主义”，违反儒家传统的开放精神，损害以公共理性为基础的政教关系，因为独尊国教与信教自由正相背离。

五、梁启超的政教观：“分则两美，合则两伤”

在“孔教”问题上，“三十以后”(1902 年)的梁启超(1873—1929)形成了自己的基本立场：孔教乃教育之教而非宗教之教，孔子乃教育家而非宗教家。因此，他在此后的政治活动生涯中，并不热衷于政教问题的讨论，而尤为关注于道德文化的重建，特别是以始撰于 1902 年的《新民说》为标志，他以“道德革命”为口号，在政治文化立场上开始趋向保守而反对一切“破坏主义”，1903 年年底开始发表的《论私德》则标志其向儒家传统文化的回归，表现出文化保守主义的特色。

1. 孔教者“非宗教之教”

众所周知，早年梁氏也曾积极投身于孔教运动，只是其思想有一个由相信到怀疑的转变过程。他早年在康有为的绝对影响下，不仅为孔教运动竭力声辩，而且盛赞康氏是中国的“马丁 · 路德”，但是，在 1902 年后，梁的思想发生了“陡然逆转”的现象①，该年 2 月，他突然发表《保教非所以尊孔论》一文，且谓这篇文章的性质是“我操我矛以伐我者”的自

① 〔法〕巴斯蒂：《梁启超与宗教问题》，载〔日〕狭间直树编：《梁启超 · 明治日本 · 西方》，北京：社会科学文献出版社，2001 年，第 429 页。

我否定[1],显示出与康氏的孔教思想分道扬镳。原因何在呢?

根据法国汉学家巴斯蒂的考察,1899年梁启超流亡日本之后,接触到大量西方新知识,加深了对“宗教”概念的了解,大致自1901年年末以后,他对“宗教”含义的理解已趋定型,巴斯蒂指出:

> 从此,他永远按宗教的西方意义,而不再按相当于“思想”或“意识形态”的同义语来使用此词。对他说来,宗教是在与国家领域不相混同的另外领域内自行运作的一种制度。[2]

这表明梁启超当时已认识到宗教只能是“个人宗教”(personal religion)而不能是“国家宗教”(state religion),关于这一点或许需要更多的例证才能明确。至少在1899年5月,梁启超受日本宗教学奠基者姊崎正治(1873—1949)的邀请,在“日本哲学会”的年会上发表题为《论支那宗教改革》的演讲之际,梁氏在康有为的思想影响下,仍竭力强调“宗教革命”的必要性,并为何谓“孔教”做了五点辩护[3],这里不必一一细述。

我们知道,梁启超在日本创办的两份著名杂志《清议报》和《新民丛报》(尤其是后者)所发表的西学介绍性文章,大多来自日本当时非常流行的一份刊物《日本人》(这是政教社的机关刊物,具有日本主义、国粹主义倾向),其中有一段时期,

---

① 梁启超:《饮冰室合集·文集》九,1936年原版,北京:中华书局,2015年,第50页。

② 〔法〕巴斯蒂:《梁启超与宗教问题》,载〔日〕狭间直树编:《梁启超·明治日本·西方》,第417页。

③ 梁启超:《饮冰室合集·文集》三,1936年原版,北京:中华书局,2015年,第54—61页。

即梁启超刚渡日不久，宗教问题是该杂志的一个讨论热点，如《日本人》第21卷(1900年)刊载一篇题为《政教分離とは何の意義ぞや》(《政教分离有何意义?》)的文章，就曾被梁启超所采用[①]。这说明“政教分离”如同其他诸如“哲学”“宗教”等日制汉语的西学译名一样，也是来自日本，而梁氏甫至日本便接触到“政教分离”的西方新知识。这应当是梁氏思想“突然”发生转变的一个重要思想背景。

就在那篇不惜进行自我批判并且公开与其师康有为唱反调的《保教非所以尊孔论》一文当中，梁氏明确提出了对孔教论的四点质疑，而且处处都点到了要害：

> 至倡保教之议者，其所蔽有数端：一曰不知孔子之真相，二曰不知宗教之界说，三曰不知今后宗教势力之迁移，四曰不知列国政治与宗教之关系。[②]

其中，特别是第四点，涉及的正是“政教”关系问题。在梁氏看来，西方列国已经实行政教分离，而孔教主张无疑与此各国政治发展大势是背道而驰的。至于第一点“孔子之真相”，根据梁氏的叙述，孔子是“哲学家、经世家、教育家而非宗教家也”[③]，而这才是孔子的真相。他指出：

> 孔子未尝如耶稣之自号化身帝子，孔子未尝如佛之自称统属天龙，孔子未尝使人于吾言之外皆不可信，于吾教之外皆不可从。孔子，人也，先圣也，先师也，非天也，非鬼也，非神也。强孔子以学佛、耶，以是云保，则所

---

① 〔法〕巴斯蒂：《梁启超与宗教问题》，载〔日〕狭间直树编：《梁启超·明治日本·西方》，第417页。

② 梁启超：《饮冰室合集·文集》九，第50页。

③ 同上书，第52页。

保者必非孔教矣。无他,误解宗教之界说,而艳羡人以忘我本来也。[①]

很显然,这是从根本上对孔教论的颠覆。梁启超已经认识到“信教自由”的旨趣就在于“划定政治与宗教之权限,使不相侵越也”[②]。换言之,政教分离才是信仰自由的根本保障。关于孔教问题的认识,梁氏也一反康有为的论调,强调指出:“孔教之精神,非专制的而自由的也。”[③]将自由与专制相对置,而宗教属于专制,与孔教的自由精神根本不契,这才是梁氏反对立孔教为宗教的根本理由。因为按照梁氏的判断,西人所谓的“宗教”都是“专指迷信信仰”,“禁人之怀疑,窒人思想自由也”,“故宗教者,非使人进步之具也”[④]。后来,他在另一篇重要文章中甚至指出中国没有宗教乃是中国的荣幸[⑤]。

根据《梁启超年谱长编》的记载,就在《保教非所以尊孔论》发表后,与康有为的思想摩擦公开化,但是梁氏毕竟不愿与康氏断绝师生之谊,为此,梁氏“数次致书南海,解释反对的理由和自己的立场”,同年 4 月,梁氏在给康氏的书信中进一步阐述了自己对政教关系的看法,他说:

欧洲拉丁民族保教力最强,人皆退化,国皆日衰,西

---

① 梁启超:《饮冰室合集·文集》九,第 52 页。
② 同上书,第 54 页。
③ 同上书,第 58 页。
④ 同上书,第 52 页。
⑤ 梁启超:《论中国学术思想变迁之大势》,《饮冰室合集·文集》七,1936 年原版,北京:中华书局,2015 年,第 3 页。民国初年关于儒教是否是宗教的问题之争,参见苗润田、陈燕:《儒学:宗教与非宗教之争——一个学术史的检讨》,载任继愈编:《儒教问题争论集》,北京:宗教文化出版社,2000 年,第 439—448 页。

> 班牙、葡萄牙、意大利是也。条顿民族如英、美、德各国,皆**政教分离**,而国乃强。[①]

这里出现了"政教分离"的概念,值得关注。梁的观点是,保教未必能起到强国的作用,其因在于政教不分;而保教不强的民族反而国强,其因在于"政教分离"。换言之,保教导致政教不分,与"政教分离"正相背驰。梁氏强调他之所以反对保教,理由在于他相信"政教分离"才是近代列国的强国之策,如"条顿民族"——英、美、德等国便是显例。也就是说,在梁看来,康的孔教运动之实质就在于政教不分,与世界列强普遍实行共和制的政教发展之大势不合。

另有迹象表明,梁启超对宗教之态度的转变与黄遵宪(1848—1905)有关。顺便一提,黄遵宪的思想属温和保守主义,主"君民共主"主义,据传,戊戌之后的六七年间,黄氏与梁启超的书信往还竟不下十余万言[②],而梁的思想由激进转向温和保守,最终走向君主立宪立场,盖与黄氏的影响不无关联[③]。就在1902年前后,梁、黄之间的往来信函变得十分频繁,该年5月黄氏在函中规劝道:

> 向在湘中,曾举以语公,谓南海见二百年前天主教之盛,以为泰西富强由于行教,遂欲尊我孔子以敌之,不知崇教之说,久成糟粕,今日欧洲,如德、如意、如法,于教徒侵政之权,皆力加裁抑。居今日而袭人之唾余以张

---

① 丁文江、赵丰田编:《梁启超年谱长编》,上海:上海人民出版社,2009年,第183页。

② 散见于丁文江、赵丰田编:《梁启超年谱长编》,第181—229页。

③ 参见张朋园:《梁启超与清季革命》,上海:上海三联书店,2013年(原刊于1964年),第116页。

> 吾教,此实误矣!①

黄氏在信中明确表明了其对康有为的孔教运动不以为然的态度。他还进一步申说“政教分离”才是正道的主张:

> 泰西诸国,政与教分,彼政之善,由于学之盛。我国则政与教合。分则可藉教以补政之所不及,合则舍政学以外无所谓教。今日但当采西人之政、西人之学,以弥缝我国政学之敝,不必复张吾教,与人争是非、校短长也。②

这里对“泰西诸国”的“政教分离”做了客观描述,并对此项原则的意义进行了分析,认为“分则两美,合则两伤”,由“分离”才可收“教以补政”的效益。显然,梁启超接受了这个观点③,他在同年撰写的《论佛教与群治的关系》一文中指出:

> 有心醉西风者流,睹欧美人之以信仰而致强也,欲舍而从之以自代,此尤不达体要之言。④

这是批评那些倡导孔教者在表面上模拟西风,却根本未能体会西学要旨之所在。

梁启超对孔教是否是宗教的问题,做出了重要的判断:

---

① 黄遵宪著,陈铮编:《黄遵宪全集》下册《致梁启超书九通(一)》,天津:天津人民出版社,2003 年,第 486 页。

② 同上书,第 487 页。

③ 当然,梁启超在日本所受影响的思想来源非常多元,如上面提到的姉崎正治的“新宗教论”以及德国政治学家伯伦知理(Bluntchli Johann Caspar, 1808—1881)《国家论》的“近代国家理论”,都对梁氏有直接的思想影响。参见上揭〔法〕巴斯蒂:《梁启超与宗教问题》;郑匡民:《梁启超启蒙思想的东学背景》,上海:上海书店出版社,2003 年。

④ 梁启超:《论佛教与群治的关系》,《饮冰室合集 · 文集》四,1936 年原版,北京:中华书局,2015 年,第 45 页。

“孔教者，教育之教，非宗教之教。”[①]观诸此后近代中国的思想发展，梁氏此论渐成主流。据黄进兴的观察，梁的这个观点主张，不意启动了清末民初“儒教去宗教化”[②]的按钮，这是有充分事实依据的论断。梁氏后来对自己与康有为的关系最终导致分裂的缘由有这样的回顾：

> 启超自三十以后，已决口不谈“伪经”，亦不甚谈“改制”。而其师康有为大倡设孔教会，定国教祀天配孔诸义，国中附和不乏。启超不谓然，屡起而驳之。
>
> 康有为之《大同》，空前创获，而必自谓出孔子。及至孔子之改制，何为必托古？诸子何为皆托古？则亦依傍混淆也已。此病根不拔，则思想终无独立自由之望，启超盖于此三致意焉。然持论既屡与其师不合，康、梁学派遂分。[③]

以上两段叙述已充分表明梁与康的思想分歧之根源所在。“三十以后”指 1902 年后，“设孔教会定国教”是指 1898 年康的《国教折》，“祀天配孔”则指 1913 年康的《以孔教为国教配天议》，“屡起而驳之”是指梁自己的 1902 年《保教非所以尊孔论》。

值得注意的是，梁氏晚年以更明确的立场表明，他之所以反对康的“托古”“改制”的理由是，“此病根不拔”则终无思想“独立自由”之可能。这一观点表态充分说明梁氏思想绝

① 梁启超：《论佛教与群治的关系》，《饮冰室合集 · 文集》四，1936 年原版，北京：中华书局，2015 年，第 45 页。

② 黄进兴：《从理学到伦理学——清末民初道德意识的转化》下篇第 1 章“研究儒教的反思”，台北：允晨文化实业股份有限公司，2013 年，第 240 页。

③ 梁启超：《清代学术概论》，朱维铮校注：《梁启超论清学史二种》，上海：复旦大学出版社，1985 年，第 70、72—73 页。

非单纯的文化保守主义,他不仅洞穿了孔教国教化有可能产生思想禁锢或文化专制的反作用,同时也表明其思想在某些方面也能跟上时代新潮流,因为在他看来,如何解决“道德”问题才是时代的重要关切,而且正可迎上“新文化”运动的步伐。

2. 重建道德的文化保守主义

在近代中国转型时期,知识界普遍存在一种想法,以为一切社会问题归根结底就是“思想”问题,而“思想”问题又可归结为“道德”问题或“伦理”问题。例如陈独秀便认为,自戊戌以降,新旧两派在传统文化问题上已经“绝无调和两存之余地”,更重要者,若“伦理问题不解决,则政治学术皆枝叶问题。纵一时舍旧谋新,而根本思想未尝变更,不旋踵而仍复旧观”[①]。因此,陈独秀就有吾人最后之觉悟乃是“伦理的觉悟”之说。

不过,最早提出并预测 20 世纪以后中国社会将出现“新道德”的则是梁启超,他在刚踏入 20 世纪的 1901 年便提出了大胆的预言:相对于数千年来中国社会处于不变的“停顿时代”,新世纪必将发生种种“过渡”,既要过渡到政治上的“新政体”、学问上的“新学界”,还要过渡到社会上的“新道德”[②]。

次年,他便开始撰写使他爆得大名的《新民说》,这篇文

---

① 陈独秀:《复易宗夔》(按,此函发表时原与胡适共同署名),载《新青年》5 卷 4 号,1918 年 10 月。转引自罗志田:《权势转移:近代中国的思想与社会》(修订版),北京:北京师范大学出版社,2014 年,第 193 页。

② 梁启超:《过渡时代论》(1901),《饮冰室合集·文集》六,1936 年原版,北京:中华书局,2015 年,第 27—30 页。

章几乎影响了整整一代人，包括青年毛泽东以及胡适等人在内。这篇文章中有一节《论公德》，提出了一个重要观点，认为中国积弱多病的根源就在于中国人只讲私德而缺乏公德，因此若要重振中国，就必须首先培养中国人的社会道德心。他指出："知有公德而新道德出焉矣，而新民出焉矣。"[①]他在1902年2月《新民丛报章程》中甚至宣称："中国所以不振，由于国民公德缺乏。"[②]此后被视作"国民公德缺乏论"得以流行，造成了极其广泛的思想影响。他说：

> 吾中国道德至发达，不可谓不早，虽然，偏于私德而公德殆阙如。试观《论语》《孟子》诸书，吾国民之木铎，而道德所从出者也，其中所教，私德居十之九，而公德不及其一焉。……要之，吾中国数千年来，束身寡过主义，实为德育之中心点。范围既日缩日小，其间有言论行事，出此范围外，欲为本群本国之公利公益有所尽力者，彼曲士贱儒，动辄援不在其位不谋其政等偏义，以非笑之挤排之，谬种流传，习非胜是，而国民益不复知公德为何物。
>
> 然则吾辈生于此群，生于此群之今日，宜纵观宇内之大势，静察吾族之所宜，而发明一种新道德，以求所以固吾群、善吾群、进吾群之道，未可以前王先哲所罕言者，遂以自画而不敢进也。知有公德，而新道德出焉矣，

① 梁启超：《新民说》(1902)，《饮冰室合集·专集》四，1936年原版，北京：中华书局，2015年，第15页。

② 《新民丛报》第1号，第1页，转引自陈弱水：《公德观念的初步探讨》(原刊于台湾《政治与社会哲学评论》第7期，2003年12月)，载氏著：《公共意识与中国文化》，北京：新星出版社，2006年，第5页。

而新民出焉矣。[1]

其所谓“新道德”,无非就是“公德”。他指责中国数千年来的“道德”所崇尚的是“束身寡过主义”的“私德”,而与“公德”相对立。在梁氏看来,提倡公德便是一场“道德革命”。他甚至断言:

> 苟不及今急急斟酌古今中外,发明一种新道德者而提倡之,吾恐今后智育愈盛则德育愈衰,泰西物质文明尽输入中国,而四万万人且相率而为禽兽也。呜呼,**道德革命之论**,吾知必为举国之所诟病,顾吾特恨吾才之不逮耳,若夫与一世之流俗人挑战决斗,无所不惧,无所不辞![2]

表明了一种相当激进的道德革命的主张。

不过,梁氏一生思想多变,特别是1903年游美之后,其思想发生了陡然转变,从激进主义转变为温和的保守主义,他在随后所撰的《论私德》中,明确反对“破坏主义”,反对“瞎闹派”之革命,并以“私德说”修正了1902年的“公德说”,认为维护儒家传统的私德更为迫切,他一方面反省自己《论公德》的过激之言:

> 吾畴昔以为中国之旧道德,恐不足以范围今后之人心,而渴望发明一新道德以辅助之(参第5节论公德篇),由今以思,此直理想之言,而绝非今日可以见诸实际者也。[3]

---

① 梁启超:《新民说》,《饮冰室合集·专集》四,第12—15页。
② 同上书,第17页。
③ 同上书,第131页。

> 而今之走于极端者，一若**惟建设为需道德，而破坏则无需道德**，鄙人窃以为误矣。……顾吾以为不惟于破坏后当建设，即破坏前亦当有建设，苟不尔者，则虽日言破坏，而破坏之目的终不得达。……苟欲得之，舍道德奚以哉！[①]

这里他特别批评了当时非常流行的一个观点："惟建设为需道德，而破坏则无需道德。"矛头直指当时的所谓"革命派"，这也是后来梁氏最终与孙中山"革命派"分道扬镳的原因之一。顺便指出，梁启超所说的这类"革命需要道德论"，在当时亦有其他提倡者，例如革命派章太炎(1869—1936)在1906年发表的《革命道德说》一文中，指出戊戌以来变法党人以及保皇党人之所以屡遭失败，都是由于他们"不道德"所致："且道德之为用，非特革命而已。事有易于革命者，而无道德亦不可就。一于戊戌变法党人见之，二于庚子保皇党人见之。……戊戌之变，戊戌党人之不道德致之也。……庚子之变，庚子党人之不道德致之也。"[②]而且章太炎也持私德重于公德、无道德者不能革命的观点："吾于是知优于私德者亦必优于公德，薄于私德者亦必薄于公德，而无道德者之不能革命。"[③]

话题再回到梁启超。梁又明确指出重建"私德"的重要性：

> 若是乎今之学者日言公德，而公德之效弗睹者，亦

---

① 梁启超：《新民说》，《饮冰室合集·专集》四，第130页。
② 章太炎：《革命道德说》，《章太炎全集·太炎文录初编》，上海：上海人民出版社，2014年，第288页。
③ 章太炎：《革命道德说》，《章太炎全集·太炎文录初编》，第288页。

曰国民之私德,有大缺点云尔。是故欲改铸国民,必以培养国民之私德为第一义,欲从事于铸国民者,必以自培养其个人之私德为第一义。……公德者,私德之推也,知私德而不知公德,所缺者只在一推;蔑私德而谬托公德,则并所以推之具而不存也。故养成私德,而德育之事,思过半焉矣。[①]

这是说,私德是公德的基础,在当今欲改造国民,必以培养私德为首务。这可以看做是梁启超的思想立场向儒家文化保守主义的回归。

不过,梁氏从普遍主义的立场出发,认为公私两德并不是截然对立的关系,他说:

公德与私德岂有一界线焉,区划之为异物哉?德之所由起,起于人与人之有交涉。……而对于少数之交涉,与对于多数之交涉,对于私人之交涉,与对于公人之交涉,其客体虽异,其主体则同。……公云私云,不过假立之一名词,以为体验践履之法门,就泛义言之,则德一而已。[②]

这是把公私两德置于社会伦理的领域,认为“人与人之有交涉”才会有“德”,故从本来意义上说,道德并没有公私之分。

但是,这并不意味着梁氏否认“私德”的存在,相反,从具体的由“一私人与他私人交涉”的角度看,毫无疑问,私德构成了这种“交涉”关系的基础,因此,私德就具有基础性的地位。他认为,中国古代先哲对于私德的理论阐发得“几无余

① 梁启超:《新民说》,《饮冰室合集·专集》四,第119页。
② 同上。

蕴”，例如《论语》《孟子》《大学》《中庸》等儒家经典的有关修身学的一套概念（也包括宋明理学有关修身工夫的观点）都表明中国伦理重视人与人的交涉，尤其重视五伦的家庭伦理，表达了非常“完整”的伦理学[①]。

重要的是，无论是公德还是私德，道德的推进必须有益于社会群体，他称之为“利群”：

> 无论泰东、泰西之所谓道德，皆谓其有赞于公安公益者云尔；其所谓不德，皆谓其有戕于公安公益者云尔。[②]

所谓“公安公益”，大致属于公共领域的观念。可见，强调私德并不等于排斥“公”的重要性，归根结底，道德的意义取决于是否合乎“利群”的标准。只是在道德实践的具体问题上，梁氏坚持以传统修身的方法来提升私德的重要性。这是《论私德》发表之后，梁氏始终坚持的观念立场。

必须指出的是，梁启超之重视私德并不意味着回到“旧伦理”，关键在于如何做到“淬厉其所本有”，这才是《论私德》所揭示的一个重点问题。作为“淬厉”之资，梁氏认为应当采补新学，例如西方的科学以及自由民主思想等。按照黄克武的考察，梁认为传统并不是一切都好，例如仁政思想他不赞成，圣贤政治他也有所保留，因为这些都与新学不合，他觉得进化观念、现代国家主义、民主制度、市民观念、中等社会等都是好东西，不妨拿来作为“淬厉”中国文化之资，而这些都

---

① 梁启超：《新民说》，《饮冰室合集 · 专集》四，第 12 页。
② 同上书，第 119 页。

是传统中所缺乏的,也是脱离传统的部分[1]。但问题仍然存在:淬厉采补同时并举如何可能?

1904 年 6 月《新民丛报》第 46—48 号合刊,续刊《论私德》,至此续完。同期,梁氏发表了《中国历史上革命之研究》,他从道德的立场出发,明确提出反对“革命”的观点,他指出中国历史上的“革命”有七大“恶特色”,主要有:

> 有私人革命而无团体革命;
>
> 有野心的革命而无自卫的革命;
>
> 有上等下等社会革命而无中等社会革命。[2]

这些观点的表述标志着梁启超与当时的革命党人的瞎闹派“革命”的决裂。他的结论是:“非有高尚严正之道德心者,不可以行革命。”他甚至激愤道:

> 若曰吾所责者非可责者,而必曰破坏旧道德为革命家应行之义务,则刀加吾颈、枪指吾胸,吾敢曰倡此论者实亡中国之罪人也,实黄帝子孙之公敌也。[3]

这是说,革命决不能以破坏旧道德为“义务”,相反,革命须以“道德”为前提。

稍前,梁启超在 1902 年 9 月发表的《敬告留学生诸君》一文中便已强调道德的重要性,并提出了“国民道德”“社会道德”等概念,两者基本同义,他呼吁留学生必须注意自新“道德”,才能树立“**国民道德之标准**”,此前维新、救国等运动

---

① 黄克武:《一个被遗弃的选择:梁启超调适思想之研究》,北京:新星出版社,2006 年,第 176 页。

② 梁启超:《中国历史上革命之研究》,《饮冰室合集·文集》十五,1936 年原版,北京:中华书局,2015 年,第 40 页。

③ 同上书,第 41 页。

之所以不成功，端赖于“无道德故”，因此，“立国家政治之基础”固然重要，同时“又当立**社会道德**之基础”[①]。至此可见，梁启超将“道德”提到了“政治”的高度，甚至认为“道德”才是解决“政治”问题的关键。

在发表了《论私德》之后，大致从1905年至1918年期间，梁氏开始积极投身立宪运动，但他不再考虑借助宗教来支持现行制度；1913年8月在那份请求宪法规定孔教为国教的请愿书上，梁氏虽然也参加署名，但没有迹象表明，梁氏在以后的文章中否定过自己1902年发表的对保教主张的批评，根据巴斯蒂的推测，梁氏署名是由于无法拒绝好友夏曾佑(1863—1924)的好意，而梁氏所认同的宗教是国民教义而非国家宗教[②]。

事实上，梁启超当时的时代关注点已经转向道德问题，由《新民说》主张“发明一种新道德”[③]，直至辛亥之后，他的立场渐趋保守，在一系列文章如《中国道德大原》(1912)、《孔子教义实际裨益于今日国民者何在欲昌明之其道何由》(1915)等当中，一再强调孔子教义不属任何一种宗教，而是中国道德教育之本。直至1920年他游欧归来，更增强了复兴中国传统文化的信心，悟出了一个道理：“(欧洲)其固有基础与中国不同，故中国不能效法欧洲”，“当知中国前途绝对无悲观，

---

① 梁启超：《敬告留学生诸君》，《饮冰室合集·文集》十一，1936年原版，北京：中华书局，2015年，第25页。

② 参见〔法〕巴斯蒂：《梁启超与宗教问题》，载〔日〕狭间直树编：《梁启超·明治日本·西方》，第443页。

③ 《新民说》第5节《论公德》，《饮冰室合集·专集》三，1936年原版，北京：中华书局，2015年，第15页。

中国固有之基础亦最合世界新潮"[1]。充分表明梁氏的思想立场已经重回儒家传统的轨道，但又不是主张退回至"旧"的政教传统。

尽管梁启超不觉得破坏传统、"必欲翻根底而改造之"[2]就好，也不认为西方的一切东西都可以模仿得来，但他在受过西方一套新观念的洗礼之后，反过来对传统的审视眼光也随之改变，这一点也许他自己都没有明确意识到，但在他的种种言论中确可以找出不少蛛丝马迹。例如他对儒家核心价值"仁"的问题考察就已经有了一副西式的有色眼镜，他认为：

> 大抵中国善言仁，而泰西善言义。……在千万年后大同太平之世界，吾不敢言，若在今日，则义者也，诚救时之至德要道哉！[3]

也正由此，所以他一方面以为"仁"的本义不能脱离"群"来思考，仁是关于人与人之关系的一个概念表达；另一方面，他对人性的观察也不那么乐观，以为人与人之间的争斗不可避免，如何使其平衡则关乎"义"，故重"义"的西学正可用来作为淬炼中国传统之"本无"的资源。很显然，梁启超的这类思想史考察不免浮在表面，其理论局限性也是不容否认的。

相反，在"仁"这一儒学核心价值的坚守上，梁启超反不如其师康有为，康氏明确指出："孔子之道，其本在仁，其理在

---

① 梁启超：《梁任公在中国公学演说》(载民国九年三月十五日《申报》)，引自丁文江、赵丰田编：《梁启超年谱长编》，第578、580页。参见〔法〕巴斯蒂：《梁启超与宗教问题》，载〔日〕狭间直树编：《梁启超・明治日本・西方》，第444页。

② 梁启超：《新民说》，《饮冰室合集・专集》四，第131页。

③ 梁启超：《新民说》第8节"论权利思想"，同上书，第35页。

公。”又说：

> 孔子以天地为仁，故博爱，立三世之法，望大道之行。……大同之治，则天下为公，不独亲其亲，子其子，**务以极仁为政教之统**，后世不述孔子本仁之旨，以据乱之法，小康之治为至，泥而守之，自隘其道，非仁之至，亦非孔子之意也。[①]

这里所说的“政教之统”已然是在“大同之治”的大同世界里才能实现的理想。其实，早在1886年康有为作《康子内外篇》，就已经强调“仁”是一种最高的道德，具有普遍性，而“义”则是一种区别性原则[②]。由此可见，康有为的思想既有保守主义的成分，又有理想主义的因素，保守与理想几乎同时构成了康氏的思想人格。

3. 小结：儒家主义正合乎“新文化”

由上所述，就总体而言，我觉得陈来提出以“近代新儒家”为梁启超作历史定位[③]，应当是颇中肯綮的新见。日本学者竹内弘行则从梁氏思想中的阳明学因素当中发现与此后“现代新儒家”的心学情结有连续性的一面，由此认定：“我们

---

① 分别见《康有为全集》第6集《春秋笔削大义微言考》，北京：中国人民大学出版社，2007年，第3页；《康有为全集》第5集《孟子微》，北京：中国人民大学出版社，2007年，第379页。

② 参见李三宝：《康子内外篇初步分析：康南海现存最早作品》，《清华学报》第11卷第1、2合刊，1975年，第213—247页。

③ 陈来：《梁启超的“私德”论及其儒学特质》，载杨贞德主编：《视域交会中的儒学：近代的发展》(《第四届国际汉学会议论文集》)，台北，2013年，第130页。

可以把梁启超定位于现代新儒家的第一开拓者。”[①]这个说法有可能与我们目前惯用的“现代新儒家”一词的有所特指搞混,故笔者并不主张采用。当然,梁氏与后来“新儒家”在文化保守主义立场上确有相通的一面,如对五四运动的激烈反传统都持批评的态度。

要之,梁启超并不一味反对1915年为标志的“新文化”运动,而是希望将新文化的车轮与传统儒家主义合辙,故其思想表现出既不喜新而厌旧,也不一味主张以新革旧的立场,他甚至明确提出了“**儒家主义,可以说正合乎新文化**”[②]的主张,这从一个侧面表明梁氏坚持了《论私德》以来的儒家文化保守主义立场。以至于在“五四”运动的某些激进知识人如胡适看来,晚年的梁氏思想发生了退步,感叹他“竟走上卫道的路上去”[③]。这是指梁氏晚年的文化立场日趋保守,而不是指梁氏晚年又倒向了孔教。

有趣的是,就在《论私德》发表之后,有一位《新民丛报》的爱读者写了一篇文章《异哉新民之宗旨》表示对于梁启超的思想急转弯难以理解而“不觉失望”,批评《论私德》之学说“直与乃师某先生最近政见书,同一鼻孔出气”[④]。这里的“某先生”是指梁氏的老师康有为,所谓“政见书”,当是指康氏的《新经伪学考》或者《孔子改制考》。这反映出,在为数应当不

---

① 〔日〕竹内弘行:《梁启超与阳明学》,载广东康梁研究会编:《戊戌后康梁维新派研究论集》,广州:广东人民出版社,1994年,第259页。

② 梁启超:《什么是新文化》(1922年),夏晓红编:《饮冰室合集·集外文》中册,北京:北京大学出版社,2005年,第908页。

③ 胡适:《胡适日记全编》5,1929年2月2日(曹伯言整理),合肥:安徽教育出版社,2001年,第354页。

④ 载《大陆报》第2年第1号,转引自陈匡时:《略论梁启超的〈新民说〉》,载蔡尚思等:《论清末民初中国社会》,上海:复旦大学出版社,1983年,第82页。

少的一批年轻人的心目中,由《新民说》的早期作品而暴得大名的梁启超的公众形象要比其师康有为显得更与时代新潮合拍,而自从《论私德》发表以来,人们开始觉得有点不解,梁氏思想何以向传统倒退了?

如果按照梁氏的自我评价,他自嘲为“新思想界之陈涉”,只是在思想上“破坏”有余而“建设则未有闻”,其因在于“屡为无聊的政治活动所牵率”而无法做“专精于一二点”的学术研究[①]。这当然是梁氏一流的自知之明,但也应当是“近代新儒家”的一大局限。也就是说,在思想义理或学术创新上,近代新儒家对于“转型时代”的儒学发展缺乏深入的开拓和创新。这一点对康有为而言,亦可作如是说。

要之,1902 年和 1903 年,对梁启超而言,是两个重要的年份,先是发表了《保教非所以尊孔论》以及《论公德》,一方面公然与乃师康有为的孔教论唱反调,另一方面提出“国民公德缺失论”;继而发表了《论私德》,以自己之矛攻自己之盾,表示中国传统的“私德”是培养“公德”的基础而不能倒过来。这些现象都表明梁启超在面临时代转型之际,他在苦苦思索中国未来的政教走向。

就结论而言,梁启超在政治问题上,倾向于君主立宪,与康氏的立场相近,而在“教”的问题上,他并不赞同视孔教为“国教”的立场,及至晚年其对中国“宗教”的看法日显悲观,以为“中国土产里既没有宗教”,“先秦没有宗教,后来只有道教,又很无聊”,所以不值得正面应对,只有佛教的禅宗“勉强

---

① 以上见梁启超:《清代学术概论》,朱维铮校注:《梁启超论清学史二种》,上海:复旦大学出版社,1985 年,第 73、74 页。

可以说是中国自创的一派,然很近哲学”[①],与其早年1899年在日本哲学会做《论支那宗教改革》讲演时,慷慨陈词“盖宗教者,铸造国民脑质之药料也”[②]的年轻梁启超相比,几乎发生了180度的大转变,所以他后来(以1902年为标志)与康有为的孔教运动渐行渐远,也是情有可原的。

然而,尽管晚年梁启超对宗教能否重建、孔教能否振兴中国几乎失去了任何希望,但他也并不愿看到传统文化的连续性被彻底切断,在其心底存在的一个愿望是以传统道德来重振中国,故他提出了一系列文化复古(而非政治性复古)的主张,反对彻底断绝新思潮与旧传统之关系,坚持认为一切外来的新思想、新道德、新伦理都必须经历一番中国式的转化,置于中国传统文化的根基上才有可能迎来“新道德”乃至“新政治”的重新建构。

归结而言,立足传统,采纳新学,调适旧学,重铸自身,应当是梁启超文化保守主义思想的归趣所在。

---

① 梁启超:《中国历史研究法补编》,汤志钧导读,上海:上海古籍出版社,1998年,第283—284页。林富士曾指出:“梁任公对于中国‘宗教’以及中国宗教史研究的看法和建议,几乎是对中国历史学界下达了研究中国宗教史的禁令。”其结果导致了“数十年间,除了少数精英以外,可以说群贤束手,丝毫不敢跨入中国宗教史的研究领域”(林富士:《礼俗与宗教·导言》,北京:中国大百科全书出版社,2005年,第4、13页)。此说并不为过。另参吴震:《明末清初劝善运动思想研究》(修订版),上海:上海人民出版社,2016年,第18—20页。

② 梁启超:《饮冰室合集·文集》三,1936年原版,北京:中华书局,2015年,第55页。

六、当代新儒家对“政教”问题的批评与反思

在20世纪五六十年代的台湾当代新儒家与自由主义的论战中，“政教”问题也曾经成为争论的一个焦点，反映出新儒家与自由派对儒学传统的看法几乎难以相容，值得令人反思。下面不妨略作介绍。

1. 来自自由主义阵营的批评

自由主义者林毓生对于台湾新儒家倡导的从儒家精神传统中可以开出西方民主的观点颇不以为然，他承认朱子所言“尧舜、三王、周公、孔子所传之道，未尝一日得行于天地之间”[①]的说法充分说明传统儒家的政教观是：三代之后道统与政统已发生严重断裂。但是，林毓生却认为不能仅看文字的表面，还须从文字的背后来揭示儒家的“言外之意”，在他看来，朱子此说并不意味他欲突破“人间最高理想的政教合一的观念”而“去建设政教分离的制度”，相反，这表明传统儒者“只是慨叹理想之未能达成，并强调祀孔的礼仪与学校的重要，以及承担道统的士君子应该持有的自高、自尊的重要性，以便抗礼现实的统治者，使儒家理想得以维持于不

---

① 朱熹：《朱子文集》卷三十六《答陈同甫》第6书，《朱子全书》第21册，上海：上海古籍出版社、合肥：安徽教育出版社，2002年，第1583页。

坠。……所以政教合一的观念与理想在传统的中国从未动摇;在传统历史的脉络与资源限制之内也不可能动摇。”基于这一考察,林毓生甚至断言:

> 政教合一的理想的合理性与作为文化中心象征与政治中心象征,秉承天命在结构上体现**政教合一的天子制度,在传统中国从未崩溃**。①

根据林毓生的分析,儒家的“内圣外王”其实正可与“政教合一”的思想配套。因为,“内圣外王”有两个基本内涵,从中可以引申出政教合一的主张:第一,政治领袖的道德资质远较制度更为重要,政治的清明归根结底是决定于最高政治领袖的人格与见识;第二,在实际政治层面,任何政治领袖都要强调他之所以能够成为政治领袖,是因为他具有最高道德成就与文化修养的缘故,所以他不但应该管理政治事务而且要指导文化与教育,并做国民的精神导师②。根据这两项有关“内圣外王”的基本定义,可以推断早期中国的儒家“圣王”作为政治领袖的“圣人”,同时也是道德上的“完人”,故完全有资格承担治理天下国家的政治责任包括文化教育等义务,而在这个观念当中已经内含了“政教合一”的指向。故他认为传统儒家对于圣王在道德人格与政治资质的合一性理想,必然导致以“政教合一”作为制度要求的最高理想。

尽管林毓生非常清楚从西方政教分离的立场看,政府的

---

① 林毓生:《政教合一与政教分离》,载氏著:《政治秩序与多元社会》,台北:联经出版事业股份有限公司,1989 年,第 96、96—97 页。按,与林毓生同门的张灏(均为殷海光弟子)考察朱子思想由“政教二元”急转至“政教一元”的思路,可谓与此处林毓生的观点完全一致。

② 林毓生:《政治秩序与多元社会》,第 95 页。

意义与功能在于维持社会生活所需的外在秩序，而教会的意义与功能则是指导人生内在的精神生活，两者不能相互逾越；然而，按他对儒家传统的上述理解，儒家“圣王”概念以及孟子所谓“人皆可以为尧舜”的说法都是讲不通的，因为“任何人（包括孔子）——无论他的道德资质多高，无论他多么艰苦卓绝地努力——都不可能十全十美，都不可能成为儒家所谓的圣人；至于天命也只能传授给教会而不能传给政治领袖”[①]。基于这一立场，他认定传统儒家的政治理想只能是政教合一，这与近代西方已成主流的政教分离显然南辕北辙，也与自由主义传统根本不契。比较之下，张灏在上述论文当中所持的观点，远没有林毓生那样“激进”，他只是承认在传统中国存在政教一元或二元的曲折表现，而并不像此前学者以为的那样，儒家传统要么是“政教合一”要么是“政教分离”一边倒。

2. 台湾“当代新儒家”的反批评

有趣的是，台湾“当代新儒家”的主将之一徐复观（1903—1982）却持完全相反的观点，他指出：

> 欧洲正式经教皇之承认及帝王之敕书而成立的近代大学的雏形，乃十四五世纪时之事，我国早欧洲一千五六百年，即由政府创立雏形的大学，使政治本身包含一教育的因素，在人君之外另建立一“明师”的地位以实际对人民的教育负责，这是人类生活发展史上的一件大事。更值得注意的是，董生劝汉武立学，决不曾认汉武

① 林毓生：《政治秩序与多元社会》，第97页。

> 帝有无限的灵感,可以直接执掌教化的大权。而荒唐的汉武帝,从他的用将及《秋风辞》看来,虽然也确有些才量文采,但他也只满足于做皇帝,而决不像希特勒之流,疯狂得以为自己是教主。**所以君师合一的“政教合一”的说法,这是比二千年前的专制更为专制的说法,儒家绝不能加以承认。**①

这是对董仲舒《对策》中提出的“兴太学、置明师”的观点进行分析而引申出的一个判断,认为根据董仲舒兴教立学之主张,我们决不能得出“官师合一”(即“政教合一”)乃是儒家传统的结论,相反,儒家对于政教合一的主张是决不能认同的。

向来以为,在20世纪50年代的台湾,以殷海光(1919—1969)、林毓生等人为代表的自由主义与以牟宗三、徐复观为代表的文化守成主义的当代新儒家分属两大思想阵营,彼此之间的政治文化主张颇有隔阂。据称以唐君毅、牟宗三、徐复观“这一群人”为代表的“新儒家”的核心理念在于强调“儒家之普遍性意义”,而他们“所针对的是以胡适、陈独秀、鲁迅为首,自五四运动以来所提倡的批判中国文化并主张西化的观点”②,表明了当时台湾的自由主义阵营与新儒家阵营的根本分歧所在。不过,两大阵营也有一致的思想趣向,即大多认同民主与科学的现代性价值,并且在一致反抗国民党的政治专制主义方面也有互相声援的关系。只是在如何看待传统文化以及儒学现代性等问题上,他们互相之间的见解显然

---

① 徐复观:《儒家对中国历史运命挣扎之一例》,载氏著:《中国思想史论集》,上海:上海书店,2004年,第283页。

② 参见黄克武:《近代中国的自由主义的发展:从严复到殷海光》,载氏著:《近代中国的思潮与人物》,北京:九州出版社,2013年,第123页。

有相当的分歧，不仅在如何看待整个中国传统文化的立场上表现出不同，而且更主要地表现为对中国文化未来发展的认知出现了相当大的落差。孰是孰非，姑且不论。

另一位“当代新儒家”牟宗三(1909—1995)向来有一个固执已见的观点，认为清代三百年的儒学精神乃至中国传统的文化生命已经泯灭不见，即便是近代中国已步入转型时期的康梁思想也不必认真看待，儒学重振必有待其师熊十力(1885—1968)的出现才有可能。因此，按牟氏的观点立场，只能承认有“现代新儒学”而不能有所谓“近代新儒学”，因为在他看来，康氏思想可用“怪诞不经，大而不当”八字来概括[①]，所以没有必要正面看待。更深一层的思想原因是：以牟宗三为代表的“现代新儒家”既不能认同近代中国革命派的激烈主义或乌托邦主义，也对康梁维新派的君主立宪式的英国自由主义不屑一顾，他们所认同的是20世纪20年代以后的文化保守主义，尤其是以熊十力、梁漱溟等“新儒家”为代表的对传统文化的调适主义。

同样，在杜维明看来，晚清民初的孔教论者都是“极右翼”的保守派，因为，袁世凯、张勋的两次复辟所利用的正是极端保守的孔教论者。杜维明指出：

> 对儒学公共形象的最严重损害，并非来自自由主义者、无政府主义者、社会主义者或其他西化论者所组织的正面攻击，而是来自极右翼，尤其是利用儒家伦理巩固政治统治的军阀以及同流合污的传统主义者。[②]

---

① 牟宗三：《生命的学问》，桂林：广西师范大学出版社，2005年，第86页。

② 杜维明：《道·学·政——论儒家知识分子》，钱文忠、盛勤译，上海：上海人民出版社，2000年，第158页。

这个批评相当严厉。应该说,这个批评的背后存在文化保守主义的思想背景,其矛头所指并不是儒家思想本身,而是那些近乎“原教旨主义”的所谓“传统主义者”。

然而,自广义的戊戌运动[①]所引发的社会危机及其观念转变的角度看,那么我们可以说,康、梁维新派的儒学思想亦可称为“近代新儒学”的形态,其特征在于他们的思想仍深受中国传统文化的深刻影响,而且自认为在汲取西方新思想的同时,自己的观念主张并没有脱离儒家传统,特别是梁启超更是相信传统价值是可以与现代价值相结合的,用他的话来说,就是“新学输入,古义调和,通变宜民”[②]。只是此所谓“近代新儒学”的说法,须限定在广义上的戊戌运动之后至 20 世纪 20 年代新文化运动为止这一特殊时段。台湾学者黄克武虽未使用“近代新儒学”一词,但他对梁启超的评价显然更具“同情”,认为其思想与儒家传统存在内在的连续性,例如儒家传统对个人的尊重,尤其是王阳明的良知观念,应当是梁氏的非穆勒主义的个人自由观的基础[③]。这是值得重视的

---

① 取自张灏的说法。狭义的戊戌运动是指 1898 年的“百日维新”,而广义的戊戌运动则是指 1895 年至 1898 年间的改革运动。从广义的角度看,戊戌运动就不是单纯的政治改革运动,同时也是一场思想文化运动。见《一个划时代的政治运动——再认戊戌维新的历史意义》,载氏著:《时代的探索》,台北:联经出版事业股份有限公司,2004 年,第 243—244 页。依此,这场思想文化运动预示着整个传统文化体系即将发生丕变,也意味着传统文化体系的核心——儒家思想必将迎来自身的转变。下文我们所使用的“近代新儒家”便是在这个意义上而言的,这是 1895 年引发的社会转型必然带来思想转型的一个结果,换种说法,近代新儒学是广义戊戌运动所发生的思想文化巨变的一部分。

② 梁启超:《新民说》,《饮冰室合集 · 专集》四,1936 年原版,北京:中华书局,2015 年,第 22 页。

③ 黄克武:《一个被遗弃的选择:梁启超调适思想之研究》,北京:新星出版社,2006 年,第 33—34 页。

论断。

3. 海外康有为研究："重新评估肯定"

从事传统文化研究的一些华裔美国学者对康有为别有一种观感，例如萧公权（1897—1981），他在早年的巨著《中国政治思想史》当中，由于受当时革命史观的影响，对康氏思想评价甚低，谓其思想"貌似成理，而实多强词夺理"，称其"立宪为保皇"，故其实质是"假民权"，又"托孔子以为变法之口实"，故其实际是"假维新"[①]。然而，他在晚年获得了一批康有为未刊手稿，并在仔细研读之后，逐渐生发对康氏思想的"同情"，并于1973年完成了最后一部英文学术专著《康有为思想研究》，完全改变了此前对康氏思想的消极评估。

萧氏弟子汪荣祖在该著的"译后感"中亦坦露："长久以来，国人视康有为'反动'，因其反革命。但革命未及一世纪，终发觉必须回头走改革的路。改革之路，也就是康有为曾经提出的道路。"[②]而汪荣祖自己在1987年完成的《康章合论》的研究中，更是在时代意识的导向下，对康有为的渐进主义提出了新评估，指出：

> 中国的现代化文明的建设不能靠革命来完成，而必须由逐步的改革来完成。今日不再以革命为国策，坚持以改革为国策，乃是经过检验后的必然实践。康有为的

---

① 转引自汪荣祖《弁言》，见萧公权《康有为思想研究》（汪荣祖译）"卷首"，北京：新星出版社，2005年，第1页。按，汪荣祖自己亦撰有《康章合论》（北京：新星出版社，2006年。原刊于1987年），对康有为的积极评价更出乃师萧氏之右。

② 转引自汪荣祖《弁言》，见萧公权《康有为思想研究》（汪荣祖译）"卷首"，第2页。

> 渐进改革思想也应该重新评估肯定。①

与其师相比，其对康氏显然更为同情，颇有一点若讲改革则应“回到康有为”的味道。

值得重视的是，萧公权将康有为置于儒学发展的历史过程中来定位康氏思想，他提出了儒学发展“四期”说，认为儒学自先秦以来的发展经历了三个阶段，先秦孔孟荀为第一阶段，汉魏隋唐为第二阶段，宋代理学为第三阶段，而康氏的思想在清末民初的“第四阶段”的儒学史上应该“占有极重要的地位”②。他指出康有为从公羊学那里获得灵感，并用西学以及佛学给予儒家以普遍的意义，扩大了儒家的伦理与政治的学说内涵，因此，实际上他“开导了第四阶段的儒学发展，所以可说是在儒学史上占有极重要的地位”。这个说法与当代新儒家的“儒学三期说”完全不同，却与李泽厚的“四期说”貌合而实则有异，这里不必细究。不过，萧氏并不认为康的思想属于一种“新儒学”，他只是开风气之先，而其思想的局限性依然很大，因为他“自己或许不在不知不觉中，不止一端地造成儒学的式微”③。的确，从历史上看，康有为的经学观与其说是对经学传统的继承，还不如说对经学传统构成了莫大的破坏。

有趣的是，萧公权的这个看法倒是与康氏弟子梁启超对其师的评价有些许相似，梁氏指出：一方面，《新学伪经考》“所生影响有二：第一，清学正统派之立脚点根本摇动；第二，一切古书皆须从新检查估价。此实思想界之一大飓风

---

① 汪荣祖：《康章合论》，北京：新星出版社，2006年，第128页。
② 萧公权：《康有为思想研究》，北京：新星出版社，2005年，第83页。
③ 同上书，第84页。

也。”此谓康氏思想掀起了重新估值传统文化的“飓风”；另一方面，“《改制考》复以真经之全部分为孔子托古之作，则数千年来共认为神圣不可侵犯之经典，根本发生疑问，引起学者怀疑批评的态度”[①]。此谓康氏思想从根本上具有颠覆儒家经典传统的魔力，其后果不是发扬儒学，反而使儒学的根基受到动摇。

汪荣祖说得更为直截了当：

> （清末民初）对西方的挑战作出反应，不始自康、章，但因外来的刺激而深入批判传统，以致突破传统思想的束缚，必以康、章为先。他们两人对近代中国思想解放所作的贡献，难以磨灭。他们与倡导五四新文化运动的一代，在思想上有千丝万缕的关系；从康氏作《伪经考》到五四疑古，从章氏订孔到五四打孔，都有其发展的过程。**五四不是反传统的第一代，康、章才是第一代。**[②]

章太炎暂置勿论，将康有为定位为近代反传统的“第一代”，却不免矫枉过正了。

当然，晚清今文经学的“怀疑批评的态度”是否与此后新文化运动引发的“重新估定一切价值”的怀疑批判精神有着某种内在或外缘性的关联，这是值得思索的另一问题，这里不能遽下断言，但是至少就客观而言，康有为对古文经的强烈质疑，却与20世纪20年代以来的怀疑主义思潮乃至反传统思潮是可以发生某些关联的。如果我们摆脱“革命史观”的笼罩，或许能重新发现康有为思想在儒学史上的新意义及

① 梁启超：《清代学术概论》，朱维铮校注：《梁启超论清学史二种》，第64、65页。

② 汪荣祖：《康章合论》，第121页。

其局限性。其局限性正如牟宗三所说的“大而无当”,即他的几乎所有著作和言论在严密的学术规范审视下,都会显得漏洞百出,这是由于他把学术当做“政治”的工具、将经学视作“改制”的手段。然而不能否认的是,康有为思想也有其正面的意义,即他的政治构想并不是暴力主义“革命”,而是表现为渐进式的改良主义。

事实上,康有为并不是顽固守旧派,他在思想上受西化的影响其实很深,唯其如此,迫使他认真思考这样一个问题,即如何在传统文化被西化冲击得七零八落的危难时局中,重拾“其道无乎不在”的“孔子之道”[①],变成了他一生的生命追求。他在政教问题上,提出“政教分离,双轮并驰”的观点,虽然缺乏具体的方案和细密的论证,但是至少比主张回归文化专制的“官师政教合一论”的章学诚要“进步”一些,显示出康氏改良主义的建国方略在当时的历史背景中仍具有一定的现实意义。

4. 康有为研究在当代中国的兴起

早在 20 世纪 40 年代,中国当代新儒家冯友兰(1895—1990)对康有为的思想便时常提及。尽管,据说康有为从不改变自己的观点,无论是在清末还是到了民初的激荡年代,他也一以贯之地坚持自己的孔教主张,但是在冯友兰看来,康有为其实是一个“复杂”的人物,“在民初人的心目中,康有为是一个国粹论者,是一个‘老顽固’;在清末人的心目中,康

---

① 康有为:《孔教会序》(1912 年 9 月),《康有为全集》第 9 集,北京:中国人民大学出版社,2007 年,第 341 页。

有为是一个维新论者,是一个叛徒”[1],可谓在革命派和守旧派两头不讨好,这说的应当是实情。

不过,在冯友兰的眼里,康有为不仅在历史上的评价毁誉参半,而且其思想主张本身也的确是对错各半。一方面,他的孔教说以西汉之今文经学及纬书为依据,“以孔子为全智全能,作《春秋》为汉制法,此即以孔子之鬼为神,而以之为教主也”,“如《春秋纬·演孔图》说孔子乃黑帝之子”之类,这些都是纯属可笑附会之说;然而另一方面,从康有为的学说形式看,“他是从类的观点以观文化,他知各类文化都是公共底,任何国家或民族均可有之,而此各种文化又是中国先圣已说明者。所以中国虽自一种文化变为另一种文化,而仍不失其为中国,仍是行中国先圣之道”,对此,冯友兰表示这是应该“赞同”的康氏思想的“另一半”[2]。

显而易见,这是冯氏一流的“抽象肯定”法。然而这种说法却有可能流于泛泛之论,因为康氏的学说内容既然荒唐可笑,何以证明其学说形式却是“可取”的?事实上,冯友兰的这套思路采用的是柏拉图式的抽象性原则,却模糊了学说内涵的具体性。按照陈来的说法,这是冯氏的“实在论哲学忽略具体共相”的病因所在[3],诚有以也。

然而时过境迁,及至21世纪,特别是近几年来,在大陆“儒学复兴”的大背景下,学术界对近代以来的儒学研究进行

---

① 冯友兰:《贞元六书·新事论》,上海:华东师范大学出版社,1996年,第231页。

② 冯友兰:《贞元六书·新理学》,上海:华东师范大学出版社,1996年,第197页;《贞元六书·新事论》,第231—232页。

③ 陈来:《冯友兰新理学时期的道德思想》,载《复旦学报》2017年第2期,第3页。

了不断地反思和批评，特别是对来自海外“当代新儒家”的学说主张以及学术研究的内容及其方法展开了批判性的回应，与此同时，也提出了自身独特的学术主张。其中一个显著的学术新动向便是康有为研究的“回潮”，不断出现有关康有为研究的论著，几乎到了数不胜数的地步，除了上面已有提及的唐文明的研究以外，稍早的则有曾亦的研究，他把康有为的孔教运动定性为“儒学宗教化”运动以及“国教化”运动[①]，新世纪的康学研究盖滥觞于此，这里不赘。以下我们仅简单介绍干春松的研究。

干春松的研究始于21世纪初的《制度化儒家及其解体》(2003年)，此后便一发不可收，近年来，又连续出版了几部有关康有为研究的小册子(详下)，成为“康有为热”的推波助澜者，间接地也推动了复古主义思潮。他对康有为所采取的也是一种“同情了解”的立场，表面看，这是史学研究者常见的态度，而与哲学史家往往偏向于先立“判教标准”，然后将研究对象置于其中加以严格审视的态度有些不一样，然而实质上，干春松的研究实在自有一套“判教标准”，而且大凡近年来的康学研究都在努力跳出纯粹史学叙述的框架而出入于康学理论的内外，试图做一番富有时代意识的理论性重建。我无法断定这些康学研究者是否有点像1905年王国维所揭露的那样——以“学术”掩饰“政论”的康有为风格，但至少可以说，不满足于史学叙述而大胆进入理论建构的领域，这是值得肯定的学术勇气。

当然，我们无法对干春松的康学研究做系统的评估，而

---

① 曾亦：《共和与君主——康有为晚期政治思想研究》，上海：上海人民出版社，2010年，第239页。

只能提出管窥一斑的考察。总体而言,干春松有一个基本立场,即他并不认为文化民族主义有什么不对,而是一个值得正面审视的概念。正是基于这一立场,他对康氏思想提出了独到的新评估,他认为康氏思想的基本特质表现为文化民族主义,因此,我们应当更同情地了解康有为在孔教与国家意识和国民精神培养之间以及文化传统与政治之间的复杂情结,并对此做出仔细的甄别和客观的了解之后,才能给康有为的思想以应有的历史定位,而不能仅以"五四"启蒙思潮以来的革命非革命或者保守非保守的常规格套来视之。只是,当那些"五四"以来激进知识人对"孔教"的批评变成"政治正确"的主旋律之后,显然掩盖了康有为思路中对西方政治模式的省思,同时也忽视了其渐进主义式的、肯定文化传统的改良主义方案的正面价值。

很显然,这就表现出干春松自身的时代关怀以及理论重建的问题意识,即自其撰述博士论文以来的"制度儒学"如何重建的问题意识。在他看来,就孔教运动的实质而言,康有为师徒倡导的孔教主张及其实践,与其说是一种"国教化"宗教运动,不如说是一场希望借助宗教形式来推动"国民道德运动"[①],意谓康氏的孔教运动是以"宗教"为手段而以重建社会道德为目标的一场运动。的确,如果从纵览 1900 年近代中国社会转型之全局的角度来看,将康氏思想定位为文化保守主义或文化民族主义的说法应当是没有疑问的。

其实,早在 20 世纪 90 年代初,房德邻的研究也提出了

① 干春松:《保教立国——康有为的现代方略》,北京:三联书店,2015 年,第 72—73 页。另可参看氏著:《康有为与儒学的"新世"——从儒学分期看儒学的未来发展路径》,上海:华东师范大学出版社,2015 年。

对孔教运动的类似评估:“民初的孔教运动,其实质不是一场宗教运动,而是一场保守的民族主义文化运动。”[1]然而在我们看来,这类评估有可能低估了近代中国思想史上,“宗教”这一关键词对于文化保守主义以及民族主义思潮的助推作用[2]。同时也必须指出,就康有为的孔教运动之实质而言,无疑是一场“孔教国家化”的运动,就几乎贯穿其一生的在兹念兹、孜孜以求的倡孔教为国教的建国方略之根本旨趣而言,无疑在于将传统儒教向“国家宗教”(state religion)的方向扭转,即置儒教于君主制下的国家主义框架内,这一点同样是毋庸置疑的事实。

然而,就宗教的一般特性而言(且不论五花八门的各式各样的可能永远无法确定的宗教定义),宗教是对人类灵魂的抚慰,是涉及个人的精神生活以及灵修实践的一种方式。而为了充分尊重个人的宗教生活及其信仰的选择,在经历了中世纪将基督教定为“国教”以强力推行政教一元的时代之后,近代西方选择了“政教分离”的立国原则,目的就是为了充分尊重个人对于宗教的自由选择而不必被国家威权主义笼罩下的所谓“国教”所绑架。也正由此,所以当中国进入了20世纪特别是在建立了亚洲第一个“共和”政体的背景下,力图强行推动“国教”的重建,无疑违背了“政教分离”“信仰自由”这一现代主义的立国原则及其宪法精神,结果必将带来文化专制主义(而非中性词——文化民族主义)的负面效

① 房德邻:《儒学的危机与嬗变:康有为与近代儒学》,台北:文津出版社,1991年,第177页。

② 参见葛兆光:《孔教、佛教抑或耶教?——1900年前后中国的心理危机与宗教兴起》,载王汎森等:《中国近代思想史的转型时代——张灏院士七秩祝寿论文集》,台北:联经出版事业股份有限公司,2007年,第201—240页。

应，对此却也不能置若罔闻。理由很简单，按照当代宗教学的一般理解，任何国家主义形态下的所谓宗教信仰都必须被排除在“终极关怀”之外，因为如果承认宗教是一种信仰，那么这种信仰就只能是源自个人的“终极关怀的动力”[①]，而不能是以服从国家意志为条件的。

而干春松在稍早的一部论著中则认为康有为及其门徒的“孔教会”设想乃是一种“儒家重建制度化的路径探索”[②]，这一评估同样有可能忽略了孔教运动的实质在于重建“国教”而绝非单纯的儒家制度的重建。或者应当这样说，康氏所力主的是以“国教”作为君主立宪这一制度安排的基础，而“国教”则非“孔教”莫属，至于“国教化”或“宗教化”之后的“孔教”究竟会带来怎样的政教新秩序，则是不得不认真回应的严肃问题，若以为“国教化”可使“儒家便获得了一种制度化的存在方式”[③]，似乎过于乐观了。

至于“国民道德运动”的概念则更应慎用。因为这个说法其实源自日本，借由梁启超的《新民丛报》转而输入中国，亦未可知。1902 年 9 月梁启超在《敬告留学生诸君》一文中明确使用“国民道德”一词，强调“立国家政治之基础”的同时，“又当立社会道德之基础”[④]。数年后，章太炎自“苏报案”

---

① 〔英〕田立克(Paul Tillich)：*Dynamics of Faith*, New York: Harper & Row, 1957，第 1 页。转引自李明辉：《从康德的“道德宗教”论儒家的宗教性》，载哈佛燕京学社编：《儒家传统与启蒙心态》，南京：江苏教育出版社，2005 年，第 267 页。

② 干春松：《制度化儒家及其解体》(修订版)，北京：中国人民大学出版社，2012 年，第 356 页。

③ 同上书，第 392 页。

④ 梁启超：《敬告留学生诸君》，《饮冰室合集 · 文集》十一，1936 年原版，北京：中华书局，2015 年，第 25 页。

出狱后赴日，在1906年7月15日所作的《东京留学生欢迎会演说辞》中也慷慨激昂地疾呼：时下的首要任务是必须“用宗教发起信心，增进国民的道德”[①]。可见，在当时留日的一批学者以及学生中间，似乎形成了一种思想氛围：以为道德与革命、道德与国民乃至道德与宗教，都可以被捆绑在一起，而中国社会的所有症结就在于国民道德的缺失，所以革命受挫、国民不行，更谈不上有什么宗教精神。

然而必须指出的是，明治二十年之后，在日本社会上下逐渐兴起的“国民道德运动”，上有帝国政府的主导，下有御用学者的鼓动，其旨趣在于推动国民道德的“齐一化”（丸山真男语），以抵御西潮带来的精神污染，因而带有强烈的民族主义以及国家威权主义的色彩[②]。而近代中国出现的“道德革命”（梁启超）、“伦理觉悟”（陈独秀）等观点主张更多地带有反思传统的“启蒙”色彩，他们并不真心以为“国民道德”应当置于国家政府权力的威严之下，故不可与近代日本帝国在“国家神道”的基础上、在《教育敕语》这一帝国意识形态的指导下所发动的带有日本儒教主义色彩的“国民道德运动”相提并论[③]。

---

① 章太炎：《东京留学生欢迎会演说辞》，载《民报》第6号，1906年7月15日。

② 参见吴震：《当中国儒学遭遇“日本”——19世纪末以来“儒学日本化”的问题史考察》，上海：华东师范大学出版社，2015年。

③ 参见〔日〕前川理子：《近代日本の宗教論と国家——宗教学の思想と国民教育の交錯》第2章“井上哲次郎における宗教と国民道德”，东京：东京大学出版会，2015年，第25—59页。

七、结语：何为“近代新儒家”

综上所述，在近代思想史上，“政教”问题备受关注，显然与康有为的孔教运动密切相关，他在汲取西方政治经验的基础上，提出“政教分离，双轮并驰”的政教主张，道理虽不错，却背离现实远甚，因为其内心仍然无法放弃立孔教为“国教”的夙愿，然而他自己可能也不太了解“国家宗教”的设想是对现代国家“政教分离”原则的严重背离，因为任何一个奉行政教分离的现代国家都将禁止设立“国教”作为首务；他以孔子为“大地教主”、以“衍圣公”为“总理”的孔教会设想，也无不被世人惊为离经叛道莫此为甚的怪论；他意在用儒变法，采取渐进主义的方式，来重建“虚君共和”的体制，企图力挽传统儒学于狂澜既倒之势。

1917 年的张勋丁巳复辟闹剧，标志着康有为孔教运动的彻底失败，康氏也从此离开了中国政治舞台的核心。但他仍然为自己参与张勋复辟进行辩解：“自戊戌来主持君主立宪，自辛亥来主持虚君共和，光明言之，未有改也。”“仆之心以救中国。”[①]康氏的“未有改也”的脾性及至“五四”之后也仍

---

① 康有为：《致冯国璋电》，《康有为全集》第 10 集，北京：中国人民大学出版社，2007 年，第 418 页。另参康有为：《丁巳代拟诏书》，《康有为全集》第 10 集，第 398 页。按，梁启超对康氏的当时行径非常不以为然，直斥康为“大言不惭之书生”（《反对复辟电》，《饮冰室合集・文集》三十五，1936 年原版，北京：中华书局，2015 年，第 17 页）。

然未改，他冷眼旁观启蒙新思潮，仍坚信各种花样百出的新思想其实都已被孔教所包含了，例如他说：

> 今俄克鲁泡金所言互助学说，即孔子之言仁，仁从二人，非互助而何？又如杜威所言之自由，则孔子“尽其性，则能尽人之性”，尽其性，即杜威力言自由。赫胥黎《天演论》言优胜劣败之说，即《中庸》所谓栽者培之，倾者覆之。[①]

很显然，这是“以中释西”的一种附会，表现出西学有的中学早已有了的情结。而且他在发表了上述一通宏论之后，不忘强调自己的一贯立场：“《春秋》三世，《礼运》小康大同，各有分别。盖孔子之教无所不包，虽欲攻之，无从而攻之。”[②]此即说，孔教才是真正的普遍宗教。可是怎么看，这与其说是一种观点论证，还不如说是一种立场宣示。

若以今人的“后见之明”的立场看，康有为思想也许给人以一种“复辟”“守旧”“倒退”“反动”等印象，而且这种印象似已根深蒂固。然而事实上，在他的思想中也不乏理想主义的一面，如他的《大同书》（约成于1902年）便以公羊三世说为基础，杂糅西方的自由、平等、博爱等近代思想，主张消除国界、阶级、种族等所有近代国际法的规则，实现无差别的大同主义世界秩序，尽管这种“大同主义”无非是一种乌托邦。不过，康有为非常看重自己的这部《大同书》，成书之后，他出手非常谨慎，仅在《不忍》杂志上刊载了前三章，全书公诸于众则在其过世之后。

关于近代中国转型时代的“乌托邦主义”，张灏指出主要

---

① 康有为：《保定河北大学演讲词》，1923年，《康有为全集》第11集，北京：中国人民大学出版社，2007年，第241页。

② 同上。

有两种基本类型，康有为的乌托邦思想属于“软性”类型的，因为在他的未来世界设计中，并不一概否定政治权威的制度，而是主张建构有政治组织的世界国家；与此不同，还有一种是“硬性”的乌托邦主义，列入这份名单的有谭嗣同、刘师培以及李大钊等，他们的乌托邦更为激进地主张取消一切国家制度。奇妙的是，这两种乌托邦主义都将自己的观念溯源至儒家的“大同”主义[①]。然而在梁漱溟看来，康有为的“大同”说直与墨家、西洋唯讲物质功利之学差不多，而与孔子精神完全背道而驰：

> 晚世所谓今文家者如康长素之流，其思想乃全在此。他所作的《大同书》替未来世界作种种打算，去想象一个美满的境界；他们一班人奉为至宝，艳称不胜，我只觉得其鄙而已矣！他们根本不曾得到孔家意思，满腹贪羡之私情，而见解与墨子、西洋同其浅薄。……直到后来还提倡什么“物质救国论”，数十年来冒孔子之名，而将孔子精神丧失干净！[②]

这个批评几近诛心之论，意谓康有为等人的孔教论在表面上大谈宗教、道德，骨子里则全是一套功利主义思想。他更指责陈焕章组织的孔教会“直使人莫名其妙”，到处搞募捐活动，将孔教功利化了，坦言：“我看了只有呕吐，说不上话来。

① 张灏：《转型时代中国乌托邦的兴起》，载氏著：《时代的探索》，台北：联经出版事业股份有限公司，2004 年，第 161—207 页。关于近代中国兴起的乌托邦主义思潮及其传统根源的问题，可以参看〔美〕墨子刻：《乌托邦主义与孔子思想的精神价值》，载《华东师范大学学报》2002 年第 2 期，第 18—23 页。

② 梁漱溟：《东西文化与哲学》，《梁漱溟全集》第 1 卷，济南：山东人民出版社，1989 年，第 463—464 页。

哀哉！人之不仁也！”[1]

历来以为“五四”以后中国步入了激进的理想主义时代，对传统的反叛与颠覆是前所未有的，而康有为等保守派往往与保皇派一起构成了企图倒转历史的旧势力，因此新文化运动与孔教运动完全属于两股道上跑的车，甚至孔教运动反过来成了催发新文化运动的一个直接原因，这是历史的吊诡。然而在康氏的思想中也有激进主义因素，他对古文经的全面颠覆，却无意中启动了疑古主义思潮的按钮，他对晚清帝制中守旧势力看不惯，如同他对共和新潮中西化势力看不惯一样，其根本原因或许在于：他既是一位政治保守主义者，又是一位社会理想主义者。故他的思想性格有时会表现出分裂的一面。但是，保守主义与理想主义的奇妙结合恰构成康有为思想的独特风貌，使其成为开风气之先的思想人物。正是在这一特定的意义上，康有为可谓是“近代新儒家”，尽管有学者称其为“最后的儒家”[2]，而其思想影响也为时甚短且多负面。客观地看，他的儒学思想囿于今文经学的狭窄范围，喜欢发挥“微言大义”般的宏论，既不屑于汉学的考镜源流的传统方法，也没有从西学那里学到严密的概念论证的方法，所以最终难以称得上是一位有学术建构力的思想家。例如萧公权便指出康有为算不上是一位“有创见的思想家”[3]，

---

① 梁漱溟：《东西文化与哲学》，《梁漱溟全集》第1卷，济南：山东人民出版社，1989年，第464页。

② Lin Mousheng, *Men and Ideas: An Informal History of Chinese Political Thought*, p. 215.。转引自萧公权：《康有为思想研究》，北京：新星出版社，2005年，第90页。

③ 萧公权：《康有为思想研究》，第94页。尽管如此，萧氏依然承认康氏是“第一个用西学来扩大与充实中国哲学的思想者……在重振中国哲学思想上具有重要的贡献”(同上)。不过这个论断可能会招致各方面的质疑，还有待更系统的论证。

这应当是毋庸置疑的定论。

须指出的是，在康氏思想当中，除了孔教国教论与政教分离说以外，1905 年康有为发表的《物质救国论》亦值得关注，文章表露出其对现代西方工业文明的积极态度。其后，他在 1912 年 10 月《孔教会序二》中更是明确指出：

> 欧美今所以盛强，不徒在其政治，而有物质为之耶？欧美所以为人心风俗之本，则更有教化为之耶？教化之与政治、物质，如鼎之足峙而并立。①

这是政治、教化与物质的三足鼎立论，换成康氏语言，就是立宪（君主）救国、宗教（孔教）救国以及物质救国三论。只是关于这一点，本书已无暇申论。要之，在康氏思想中，孔教国教论、政教分离说与物质救国论构成三足鼎立的关系，并非是简单的政教二元或政教一元论者，其思想特质表现为偏激的民族主义和保守主义，构成了“近代新儒家”的思想特色，同时也是其思想局限，而这种局限性所带来的负面因素远大于其正面的因素。所谓正面因素，表现为保守主义对传统文化的调适精神，而所谓负面因素则表现为其设计的未来政教秩序、“布政行教”的方向偏离了时代的轨道，因而孔教运动试图将儒教“再制度化”的努力也只能成为泡影。正是在这个意义上我们可以说，“近代新儒家”可以休矣。

然而，一方面，那些不革命不足以建设共和新体制，不打破传统、不推翻礼教便无法实现“现代化”的五四运动以降的激进主义、启蒙主义、科学主义等思潮，视传统若敝屣，将儒家与专制简单等同，将传统文化看作中国落后之根源、有碍

---

①《康有为全集》第 9 集，北京：中国人民大学出版社，2007 年，第 343 页。

于现代化发展等观点，显然陷入了另一个极端而值得令人反省；另一方面，康氏孔教运动遭到惨败的原因也值得深思，其根本原因不在于他在政教观上未能坚守政教分离、信教自由的立场，而在于他过分自信地以为世俗儒教可以变身为如基督教一般的纯粹宗教，而且可以将孔教打造成君主立宪制的道德根基，然而事实上，在专制帝国已成崩塌之势的时代潮流下，他不依不饶地欲变世俗儒教为国家宗教是既无必要也不可能了。

当然，康、梁师徒在戊戌之后，在思想上呈现出一合一分的发展态势，两者的思想分歧渐行渐远，特别是在政治、宗教等问题上，康氏的一以贯之的顽固守旧，梁氏的适应时变的调适态度，显示出康梁之间的不同。但是，在传统文化问题上，康梁却有一致的态度和立场，即他们并不认为文化传统只有负面的资源，反对新旧文化之间必须完全切割清楚的观点，相反，他们更多地关注文化传统的连续性，只是康氏更多地表现为保守的民族主义，而梁氏则更多地表现为保守的文化主义。对此，我们却也不能简单地以“守旧复古”一语嗤之以鼻。事实上，保守主义主张新旧文化之间进行适当的调适，反对将传统文化的连续性彻底斩断，具有一定的正面意义，而并不一定如启蒙主义者所认定的那样，唯有打到“旧传统”才能建设“新道德”。

正如恩格斯对近代西方历史领域中存在的“非历史观点”的批评一样，认为欧洲中世纪并不像有些历史学家所描绘的那样“一片黑暗”，事实上“中世纪”时代也有“巨大进步”，与古老传统并未发生“历史的简单中断”，与 14 世纪以后的“巨大的技术进步”也有一定的历史连续性，因此我们对待历史的态度，应当持有“历史联系的合理看法”，这一点是非常重要的[1]。同样,我们对于康梁的文化保守主义也应当看到其中的一些与历史传统联系的"合理看法",而激进主义的一味地反传统倒是带有"非历史性"的心态,忽视了中国传统中的非负面因素。

至于政教秩序应当如何重建,也有发人深省的问题,值得思索。例如现代国家的政教分离意味着任何宗教团体不得涉入国家行政事务,而国家行政机构的政治运作也不能借助任何教会的力量,目的在于防止政治领袖借宗教之名以压制他人的信仰自由,然而其结果便导致一个政治家即便拥有自己的宗教信仰,也不能将这种信仰掺入公共事务当中,于是,从公众的角度看,一个政治家是否拥有宗教信仰或道德修养已变得不重要,因为这是属于其个人精神的领域,而与其能否做到为公众社会服务没有必然的联系,这样一来就必然导致不仅政治与宗教应当严格区分,而且政治与道德也必须切割清楚,由此得出"价值中立"的结论。按照迈克尔·桑德尔(Michael. J. Sandel)的说法,这就是当代西方政治自由主义者的"价值中立"说,他批评罗尔斯(1921—2002)的这一政治自由主义观点,指出:

> 政治自由主义坚持为了政治目标,悬置我们的整全道德及宗教理想,并将我们的政治身份与个人身份两者分离。……如果我们要在相互尊重的基础上确保社会合作,就必须悬置我们的道德与宗教确信。[2]

---

① 恩格斯:《路德维希·费尔巴哈和德国古典哲学的终结》,《马克思恩格斯选集》第4卷,北京:人民出版社,2012年,第225页。

② 〔美〕迈克尔·桑德尔:《为什么我们需要公共哲学:政治中的道德问题》28"政治自由主义",蔡惠仔、林咏心译,台北:麦田出版有限公司,2014年,第299—300页。

显然，政治自由主义价值中立的观点是建立在“自由”“正义”优先等观念基础上的，反映在政教观上，就必然得出政教二元的结论。桑德尔认为这种“价值中立”观导致了美国政治的种种弊端，使得整体社会的道德品质下降，他强调：“民主政治的公共生活……不能长久都那样地抽象且庄重，脱离道德目标”①，进而他坚持“善优先于权利”这一社群主义的观点。对此，李泽厚评论道：价值中立“是与传统价值观念绝对主宰人们生活造成巨大灾难中所得来不易的道德原则，它是从各种**政教合一**体制中脱身出来的重要手段”，对自由主义的“价值中立”表示了肯定，但他同时也批评自由主义强调“公正”优先于善，却有可能陷入“形式正义”的窠臼当中②。

须指出的是，李泽厚对桑德尔的社群主义以及罗尔斯的自由主义既有赞同又有批评，他认为社群主义不可取代自由主义，而他自己所讲的“现代社会性道德”大体相当于“自由主义”，并主张宗教性道德（“善”、情感、信仰）可以“范导和适当构建”现代社会性道德（“对”、公共理性），在此过程中，“允许一定情况下‘实质正义’的渗入”③。不过，若从儒家的立场看，从“为政以德”“以德化民”等政教两手一起抓，或可回应当“价值中立”从“政教不分”脱身而出之后，如何用以重建政治与道德的“共生”联系，这应当是值得探索的问题④。

---

① 〔美〕迈克尔·桑德尔：《为什么我们需要公共哲学：政治中的道德问题》28“政治自由主义”，蔡惠伃、林诛心译，台北：麦田出版有限公司，2014 年，第 324 页。

② 李泽厚：《回应桑德尔及其他》，北京：三联书店，2014 年，第 103、106 页。

③ 参见同上书，第 105、109 页等。

④ 关于自由主义与社群主义之争，参看黄勇：《宗教之善与政治之公正：超越自由主义—社群主义之争》第 1 章《自由主义与社群主义之争》，黄启祥译，桂林：广西师范大学出版社，2016 年，第 7—47 页。

诚然,政教分离是现代国家的立国原则,但是这一原则是否意味着国家不再需要宗教?倘若如此,是否意味着人类不再需要宗教?反过来说,如果宗教对于人类精神生活而言仍然是不可避免的,那么,国家应当如何对待和处理宗教事务?从当代政治学的角度看,的确,现代国家不再需要从宗教中寻求政治合法性,也无法在法律上规定某种特定宗教为“国教”,要求全民信仰唯一宗教,因为这就违反了信教自由、不得干涉个人精神生活的一般律则。但是,现代国家仍然面临如何对待人类精神领域中的宗教—文化问题。值得注意的是,一方面,在当今日益注重精神性人文主义的背景下,任何参与政治的个人都必然拥有自己的一定信仰而无法让他们完全抛弃信仰以参与政治;另一方面,国家权力也很难做到不让公民的“整全道德和宗教确信”引入公共言说,因此,在当今世界的某些民主国家或地区,参与宗教团体的个人开始被有条件地允许参加政治活动以及介入公共议题的讨论,这就对政府如何善待宗教以维护民族文化尊严提出了新的要求,而近代以来严格主义的政教分离政策却开始受到新的挑战。

当然,我们清楚地知道,一方面,在现代中国,无论在政治、经济还是在文化等各个方面都经历了“现代性”的洗礼,政治—经济的“现代化”“全球化”的潮流已成不可阻挡之势,在民国诞生之后,传统儒教便早已丧失了前近代的帝国制度的依托,甚至出现了儒家文化已成“幽灵”之说;另一方面,儒教的历史文化特性也表明其“观乎人文,化成天下”的一套教化系统从来不是制度性的严格宗教,但是儒家思想作为一种文化传统,它的伦理价值观如对仁爱、正义、王道等的执着信念依然作为一种心理结构而存在。

既然如此，那么我们应当如何通过创造性转化来善待儒教？如何构建合理性的政教关系？如何审视“宗教中国化”等问题？这些都是我们今后思考中国文化未来走向时，不得不面临的时代课题，需要我们认真思索。

参考文献

一、著作

何休解诂、徐彦疏:《春秋公羊传注疏》,《十三经注疏》本,上海:上海古籍出版社,2014 年
贾谊:《新书》,《百子全书》所收扫叶山房 1919 年石印本,杭州:浙江人民出版社,1984 年
朱熹:《四书章句集注》,北京:中华书局,1983 年
朱熹:《朱子全书》,上海:上海古籍出版社、合肥:安徽教育出版社,2002 年
孔贞丛:《阙里志》,明万历年间刊本
罗汝芳:《一贯编》,载《四库全书存目丛书》子部第 86 册,济南:齐鲁书社,1997 年
管志道:《孟子订测》,载《四库全书存目丛书》经部第 157 册,济南:齐鲁书社,1997 年
刘宗周:《刘宗周全集》,杭州:浙江古籍出版社,2007 年
孙希旦:《礼记集解》,北京:中华书局,1989 年
章学诚:《章氏遗书》,北京:文物出版社,1982 年
龚自珍:《龚自珍全集》,北京:中华书局,1959 年
魏源:《魏源集》,台北:鼎文书局,1978 年
谭献:《复堂日记》,石家庄:河北教育出版社,2000 年
郑观应:《郑观应集》,上海:上海人民出版社,1982 年
孙宝瑄:《忘山庐日记》,上海:上海古籍出版社,1983 年
张之洞:《张之洞全集》,石家庄:河北人民出版社,1998 年
苏舆:《苏舆集》,长沙:湖南人民出版社,2008 年
苏舆:《春秋繁露义证》,北京:中华书局,1992 年
宋恕:《宋恕集》,北京:中华书局,1993 年
黄遵宪:《黄遵宪全集》,天津:天津人民出版社,2003 年
谭嗣同:《谭嗣同全集》,北京:中华书局,1981 年

王国维:《王国维全集》,杭州:浙江教育出版社、广州:广东教育出版社,2009年
康有为:《康有为全集》,北京:中国人民大学出版社,2007年
梁启超:《清代学术概论》,朱维铮校注:《梁启超论清学史二种》,上海:复旦大学出版社,1985年
梁启超:《饮冰室合集》,1936年原版,北京:中华书局,2015年
梁启超:《饮冰室合集·集外文》,北京:北京大学出版社,2005年
章太炎:《章太炎全集·太炎文录初编》,上海:上海人民出版社,2014年
陈独秀:《独秀文存》,合肥:安徽人民出版社,1987年
李大钊:《李大钊全集》,北京:人民出版社,2009年
蔡元培:《蔡元培全集》,杭州:浙江教育出版社,1989年
陈柱:《公羊家哲学》,上海:华东师范大学出版社,2014年
胡适:《胡适日记全编》,合肥:安徽教育出版社,2001年
梁漱溟:《东西文化与哲学》,《梁漱溟全集》第1卷,济南:山东人民出版社,1989年
冯友兰:《贞元六书》,上海:华东师范大学出版社,1996年

中国社会科学院近代史研究所编:《孔教会资料》,北京:中华书局,1974年
陈弱水:《公共意识与中国文化》,北京:新星出版社,2006年
陈来:《古代宗教与伦理——儒家思想的根源》,北京:三联书店,1996年
陈畅:《自然与政教——刘宗周慎独哲学研究》,上海:上海人民出版社,2016年
陈明、朱汉民主编:《原道》2016年第3辑,北京:新星出版社,2016年
杜维明:《道·学·政——论儒家知识分子》,上海:上海人民出版社,2000年
丁文江、赵丰田编:《梁启超年谱长编》,上海:上海人民出版社,2009年
房德邻:《儒学的危机与嬗变:康有为与近代儒学》,台北:文津出版社,1991年
黄彰健:《戊戌变法史研究》,台北:历史语言研究所,1970年
黄明同等编:《康有为早期遗稿述评》,广州:中山大学出版社,1988年
黄进兴:《优入圣域:权力、信仰与正当性》,台北:允晨文化实业股份

有限公司,1994 年
黄进兴:《从理学到伦理学——清末民初道德意识的转化》,台北:允晨文化实业股份有限公司,2013 年
黄克武:《一个被遗弃的选择:梁启超调适思想之研究》,北京:新星出版社,2006 年
黄克武:《近代中国的思潮与人物》,北京:九州出版社,2013 年
黄勇:《宗教之善与政治之公正:超越自由主义—社群主义之争》,黄启祥译,桂林:广西师范大学出版社,2016 年
干春松:《制度化儒家及其解体》(修订版),北京:中国人民大学出版社,2012 年
干春松:《保教立国——康有为的现代方略》,北京:三联书店,2015 年
干春松:《康有为与儒学的"新世"——从儒学分期看儒学的未来发展路径》,上海:华东师范大学出版社,2015 年
孔吉祥:《康有为变法奏章辑考》,北京:北京图书馆出版社,2008 年
牟宗三:《心体与性体》,台北:正中书局,1973 年
牟宗三:《生命的学问》,桂林:广西师范大学出版社,2005 年
茅海建:《从甲午到戊戌:康有为〈我史〉鉴注》,北京:三联书店,2009 年
翦伯赞等编:《戊戌变法》,上海:上海人民出版社,1953 年
李泽厚:《回应桑德尔及其他》,北京:三联书店,2014 年
李明辉:《儒学与现代意识》(增订版),台北:台湾大学出版中心,2016 年
林毓生:《政治秩序与多元社会》,台北:联经出版事业股份有限公司,1989 年
林富士:《礼俗与宗教》,北京:中国大百科全书出版社,2005 年
林存光:《儒家式政治文明及其现代转向》,北京:中国政法大学出版社,2006 年
罗志田:《道出于二:过渡时代的新旧之争》,北京:北京师范大学出版社,2014 年
罗志田:《权势转移:近代中国的思想与社会》(修订版),北京:北京师范大学出版社,2014 年
陆胤:《政教存续与文教转型——近代学术史上的张之洞学人圈》,北京:北京大学出版社,2015 年
任继愈主编:《儒教问题争论集》,北京:宗教文化出版社,2000 年
汤志钧:《康有为政论集》,北京:中华书局,1981 年

唐文明:《敷教在宽:康有为孔教思想申论》,北京:中国人民大学出版社,2012年
王汎森等:《中国近代思想史的转型时代——张灏院士七秩祝寿论文集》,台北:联经出版事业股份有限公司,2007年
王汎森:《权力的毛细管作用》,北京:北京大学出版社,2015年
吴震:《罗汝芳评传》,南京:南京大学出版社,2005年
吴震:《泰州学派研究》,北京:中国人民大学出版社,2009年
吴震:《当中国儒学遭遇“日本”——19世纪末以来“儒学日本化”的问题史考察》,上海:华东师范大学出版社,2015年
吴震:《明末清初劝善运动思想研究》(修订版),上海:上海人民出版社,2016年
吴震、吾妻重二主编:《思想与文献——日本学者宋明儒学研究》,上海:华东师范大学出版社,2010年
钱穆:《灵魂与心》,桂林:广西师范大学出版社,2004年
萧公权:《康有为思想研究》,北京:新星出版社,2005年
徐复观:《中国思想史论集》,上海:上海书店,2004年
汪荣祖:《康章合论》,北京:新星出版社,2006年
余英时:《朱熹的历史世界——宋代士大夫政治文化的研究》,北京:三联书店,2004年
余英时:《士与中国文化》,上海:上海人民出版社,1987年
杨阳:《王权的图腾化——政教合一与中国社会》,杭州:浙江人民出版社,2000年
杨贞德主编:《视域交会中的儒学:近代的发展》(《第四届国际汉学会议论文集》),台北,2013年
张光直:《中国青铜时代》,北京:三联书店,1999年
张灏:《时代的探索》,台北:联经出版事业股份有限公司,2004年
张朋园:《梁启超与清季革命》,上海:上海三联书店,2013年
张广生:《返本开新:近世今文经与儒教政教》,北京:中国政法大学出版社,2016年
朱维铮:《中国经学史十讲》,上海:复旦大学出版社,2002年
郑匡民:《梁启超启蒙思想的东学背景》,上海:上海书店出版社,2003年
曾亦:《共和与君主——康有为晚期政治思想研究》,上海:上海人民出版社,2010年

〔英〕戴维·米勒、韦农·波格丹诺编:《布莱克维尔政治学百科全书》,邓正来译,北京:中国政法大学出版社,1992 年
〔英〕洛克:《论宗教宽容》,吴云贵译,北京:商务印书馆,1981 年
〔美〕卫三畏:《中国总论》,陈俱译,陈绛校,上海:上海古籍出版社,2005 年
〔美〕沃格林:《政治观念史稿》卷五《宗教与现代性的兴起》,霍伟岸译,上海:华东师范大学出版社,2009 年
〔美〕莱斯利·里普森:《政治学的重大问题》,刘晓等译,北京:华夏出版社,2001 年
〔英〕田立克:《信仰的动力》(*Dynamics of Faith*),New York: Harper & Row, 1957
〔美〕本杰明·史华慈:《古代中国的思想世界》,程刚译,刘东校,南京:江苏人民出版社,2004 年
〔美〕桑德尔:《为什么我们需要公共哲学:政治中的道德问题》,蔡惠仔、林咏心译,台北:麦田出版有限公司,2014 年
〔日〕大原康男:《神道指令の研究》,东京:原书房,1993 年
〔日〕岛薗进:《国家神道与日本人》,李建华译,北京:社会科学文献出版社,2015 年
〔日〕前川理子:《近代日本の宗教論と国家——宗教学の思想と国民教育の交錯》,东京:东京大学出版会,2015 年

二、论文

陈匡时:《略论梁启超的〈新民说〉》,载蔡尚思等:《论清末民初中国社会》,上海:复旦大学出版社,1983 年
陈来:《"一破千古之惑"——朱子对〈洪范〉皇极说的解释》,载《北京大学学报》2013 年第 1 期
陈来:《梁启超的"私德"论及其儒学特质》,载杨贞德主编:《视域交会中的儒学:近代的发展》(《第四届国际汉学会议论文集》),台北,2013 年
陈来:《冯友兰新理学时期的道德思想》,载《复旦学报》2017 年第 2 期
陈熙远:《宗教——近代中国文化史上的一个关键词》,载《新史学》2002 年第 12 期
陈弱水:《公德观念的初步探讨》,载《公共意识与中国文化》,北京:新星出版社,2006
葛兆光:《孔教、佛教抑或耶教?——1900 年前后中国的心理危机与

宗教兴起》,载王汎森等:《中国近代思想史的转型时代——张灏院士七秩祝寿论文集》,台北:联经出版事业股份有限公司,2007年
李三宝:《康子内外篇初步分析:康南海现存最早作品》,载《清华学报》第11卷第1、2合刊,1975年
李明辉:《评论台湾近来有关"中华文化基本教材"的争议》,载《思想》第25期,台北:联经出版事业股份有限公司,2014年
李明辉:《从康德的"道德宗教"论儒家的宗教性》,载哈佛燕京学社编:《儒家传统与启蒙心态》,南京:江苏教育出版社,2005年
李景林:《义理的体系与信仰的系统——考察儒家宗教性问题的一个必要视点》,载《北京师范大学学报》2016年第3期
林毓生:《政教合一与政教分离》,载《政治秩序与多元社会》,台北:联经出版事业股份有限公司,1989年
刘增光:《寻求权威与秩序的统一——以晚明阳明学的"明太祖情结"为中心的分析》,载《文史哲》2017年第2期
何光沪:《论中国历史上的政教合一》,载任继愈主编:《儒教问题争论集》,北京:宗教文化出版社,2000年
黄克武:《民国初年孔教问题之争论(1912—1917)》,载《近代中国的思潮与人物》,北京:九州出版社,2013年
黄克先:《两岸政教关系的发展及新局:过去与未来之间》,载《思想》第30辑,台北:联经出版事业股份有限公司,2016年
苗润田、陈燕:《儒学:宗教与非宗教之争——一个学术史的检讨》,载任继愈主编:《儒教问题争论集》,北京:宗教文化出版社,2000年
丘为君:《转型时代——理念的形成、意义与时间定限》,载王汎森等:《中国近代思想史的转型时代——张灏院士七秩祝寿论文集》,台北:联经出版事业股份有限公司,2007年
吴震:《宋代政治思想史上的"皇极"解释——以朱熹〈皇极辨〉为中心》,载《复旦学报》2012年第6期
吴震:《心学道统论——以"颜子没而圣学亡"为中心》,载《浙江大学学报》2016年第3期(网络版)
吴震:《章学诚是"近代"意义上的"学者"吗?——评山口久和〈章学诚的知识论〉》,载《南国学术》2014年第1期
许倬云:《周人的兴起及周文化的基础》,载《历史语言研究所集刊》第38本,1968年
徐复观:《儒家对中国历史运命挣扎之一例》,载《中国思想史论集》,上海:上海书店出版社,2004年

张灏:《政教一元还是政教二元?:传统儒家思想中的政教关系》,载《思想》第20期,台北:联经出版事业股份有限公司,2012年
张灏:《从世界文化史看枢轴时代》,载《二十一世纪》2000年4月
张践:《论政教关系的层次与类型》,载《宗教学研究》2007年第2期
朱维铮:《重评〈新学伪经考〉》,载《中国经学史十讲》,上海:复旦大学出版社,2002年
曾传辉:《宗教概念之迻译与格义》,载《世界宗教研究》2015年第5期

〔美〕墨子刻:《乌托邦主义与孔子思想的精神价值》,载《华东师范大学学报》2002年第2期
〔日〕井上修一:《フランスにおける政教分離の法の展開》,载佛教大学《教育学部論集》第21辑,2010年
〔日〕森本あんり:《ロジャー· ウィリアムズに見る政教分離論の相剋》,载〔日〕大西直树、千叶真编:《歴史のなかの政教分離:英米におけるその起源と展開》,东京:彩流社,2006年
〔日〕竹内弘行:《梁启超与阳明学》,载广东康梁研究会编:《戊戌后康梁维新派研究论集》,广州:广东人民出版社,1994年
〔日〕小岛毅:《"儒教"与"儒学"涵义异同重探——新儒家的观察》,载刘述先编:《儒家思想在现代东亚:中国大陆与台湾篇》,台北:中国文哲研究所,2001年
〔日〕村田雄二郎:《孔教与淫祠——清末庙产兴学思想的一个侧面》,载〔日〕沟口雄三、小岛毅主编:《中国的思维世界》,孙歌等译,南京:江苏人民出版社,2006年
〔日〕荒木见悟:《道统论的衰退与新儒林的展开》,载吴震、吾妻重二主编:《思想与文献——日本学者宋明儒学研究》,上海:华东师范大学出版社,2010年
〔法〕巴斯蒂:《梁启超与宗教问题》,载〔日〕狭间直树编:《梁启超·明治日本·西方》,北京:社会科学文献出版社,2001年

后记

严格来说，本书其实只是一篇论文，关注的唯有一个主题，即“政教”问题。其中蕴含两个子问题：政治与教化以及政治与宗教的问题。按照东汉公羊学家何休所言“受命改制，布政施教”的说法，在儒家的语境中，“政教”原本是指政治与教化。在这个意义上，政教理应是互相依赖之关系，张之洞“政教相维”之主张便是这一传统观念的反映。然而，康有为在推动孔教运动之际，显然是在汲取了西方宗教的背景下另起炉灶，而将孔教视作西方语境下的宗教（religion，康译作“厘利尽”），于是，政教问题便演变为政治与宗教、儒学与政治、国家与宗教等一系列的问题，由此便决定了孔教运动的性质在于：立孔教为国家宗教而不是单纯的使儒教“再制度化”。不论康有为欲通过建“教会”、定“教律”以便一劳永逸地解决近代以来令清政府头痛的“教案”问题的设想是何等的美妙，亦不论他的“政教各立，双轮并驰”的主张是如何的政治正确，在帝制摇摇欲坠而最终轰然倒塌的晚清民初，欲树孔教为国教的立宪运动注定沦为一场闹剧。

无须掩饰，本书的核心旨意就在于揭示近代中国这场孔教运动的上述本质，与此同时，也在于揭示当今中国的现代儒学倘若试图重建儒学的宗教功能以发挥儒学意识形态的作用，那么，反而会使儒学丧失现实批判的功用。故在笔者看来，若要传承儒学的优秀传统，有必要坚守政教适当分离的儒学立场，充分发扬儒学固有的文化包容性和现实批判性之精神，方能使其成为推动中国社会现代转型的动力因素，这也是使儒学从传统向现代转而上进的重要途径。

须坦言的是，近几年来，我的研究往往由兴之所至而定，常在宋明时代的理学与心学乃至东亚儒学之间游走不定，却从未涉足过近代儒学的研究。两年前一个偶尔的机缘，读到张灏《政教一元还是政教二元?》一文，正与我此前研究朱子《皇极辨》的问题相关，于是，便以政教问题为线索，在不断翻阅相关文献之后，进而触发了我对近代中国孔教运动问题的关注，因为我发现政教问题之成为“显题”，不仅与康有为的孔教思想有重要的学术渊源，而且有助于辨识与判定现代儒学的多元走向。不过，我的研究结论或与时下的某些看法有所不同，唯望识者鉴之并赐教。

最后，需要感谢复旦大学出版社的陈军编辑，没有他的鼓励和精心编校，一本单薄而不起眼的小书恐怕永无问世之日。

吴　震

2018 年 9 月 21 日

图书在版编目(CIP)数据

孔教运动的观念想象:中国政教问题再思/吴震著. —上海: 复旦大学出版社,2019.1
ISBN 978-7-309-13967-9

Ⅰ.①孔… Ⅱ.①吴… Ⅲ.①社会思潮-研究-中国-近代 Ⅳ.①D092.5

中国版本图书馆 CIP 数据核字(2018)第 224738 号

孔教运动的观念想象: 中国政教问题再思
吴 震 著
责任编辑/陈 军

复旦大学出版社有限公司出版发行
上海市国权路 579 号 邮编: 200433
网址: fupnet@fudanpress.com http://www.fudanpress.com
门市零售: 86-21-65642857 团体订购: 86-21-65118853
外埠邮购: 86-21-65109143 出版部电话: 86-21-65642845
江阴金马印刷有限公司

开本 890 × 1240 1/32 印张 4.625 字数 95 千
2019 年 1 月第 1 版第 1 次印刷

ISBN 978-7-309-13967-9/D · 959
定价: 25.00 元